ALGUNAS COSAS CURIOSAS DE NOVÉS

(Segunda Parte)

ALGUNAS COSAS CURIOSAS DE NOVÉS

(SEGUNDA PARTE)

SEGUNDO BENAYAS GÓMEZ-CARO

ALGUNAS COSAS CURIOSAS DE NOVÉS
(SEGUNDA PARTE)

1ª Edición: Noviembre, 2025

© SEGUNDO BENAYAS GÓMEZ-CARO

© Imágenes interiores:
  Hemeroteca del autor

Fotografía de portada: Collage publicitario

ISBN: 978-84-19933-31-7
D.L.: TO 302-2025

Edición e Impresión:
  CELYA Editorial
  www.editorialcelya.com

ÍNDICE

PRESENTACIÓN

La historia se escribe gracias a relatos de testigos o a través de datos que se obtienen de documentos oficiales y originales, porque son las fuentes primarias y más veraces de lo que ha sucedido.

Otros medios para obtener información y datos son las fuentes secundarias, llamadas así porque generalmente provienen de comentarios o análisis de las fuentes primarias cuya validez y veracidad, en este caso, estará condicionada en gran medida por el rigor y metodología del autor y también por su prestigio y/o credibilidad.

La prensa escrita puede considerarse una fuente de información terciaria porque publica y difunde hechos que generalmente conoce a través de las fuentes anteriores y, además, recoge no solo los hechos de mayor relevancia histórica a nivel global, sino que también recoge la información de otros eventos quizás menos importantes, pero no por ello menos interesantes.

Además de los grandes hitos históricos que alcanzan sin duda gran influencia y trascendencia en el devenir de la humanidad, hay otros hechos más triviales que por lo general suelen pasar inadvertidos; sin embargo, pueden llegar a tener mucha importancia a nivel personal porque es la historia que nosotros vivimos, es decir la nuestra, nuestra propia historia.

Me refiero, como es obvio, a cuanto sucede en nuestro entorno más cercano, en nuestra vida cotidiana, en el día a día y que nos afecta de lleno.

Durante el siglo XIX, y en la mayor parte del siglo XX, la principal y casi exclusiva fuente de información para el ciudadano medio era la prensa escrita, que permitía ponerse al día tanto de la historia que consideramos trascendente como de la otra historia más cercana y personal, más trivial si se quiere, pero importante bajo el punto de vista de nuestra propia experiencia, como hemos dicho.

Por este motivo, esta segunda parte del libro *Algunas cosas curiosas de Novés* se sustenta principalmente en hechos sucedidos en nuestro pueblo o referidos a él durante esa época a la que nos referimos y que fueron publicados en diversos periódicos de aquel tiempo.

Se ha hecho una selección de noticias que han sido elegidas bajo un criterio subjetivo, lo reconozco, pero la finalidad no es otra que mostrar de una forma breve y generalizada la forma de vida de nuestros antepasados y las dificultades que vivieron, que como se verá no fueron pocas.

En ningún momento se ha tratado de hacer una crónica histórica de todo lo que sucedió, principalmente por dos razones: La primera, porque estoy casi seguro de que no todo lo que pasó se llegó a publicar en los periódicos; la segunda, y puede que más importante, que algunos sucesos que ocurrieron solo he podido conocerlos de oídas y al no tener posibilidad de contrastar la información por falta de referencias, he optado por omitir.

No obstante, creo que los datos que aquí se presentan pueden ser suficientes para dar una idea aproximada de cómo era nuestro pueblo, aquel Novés de antaño del que seguramente muchos de nosotros hemos oído referir más de una vez a nuestros padres y abuelos, a pesar también de la posible y probable adulteración o manipulación de las noticias publicadas por la prensa.

SIGLO XIX

INTRODUCCIÓN

Creo que sería conveniente tener en cuenta ciertos aspectos sobre este período para una mejor comprensión.

Desde mediados del siglo XVII y casi todo el XVIII prácticamente solo se publicaba un periódico de carácter oficial cuyo fin era comunicar las disposiciones gubernamentales para un general conocimiento público. Se conocía con el nombre de la Gaceta de Madrid cuya publicación era semanal.

Poco a poco se fueron incluyendo otras noticias nacionales e internacionales. Dichas noticias solían tener cierto retraso con respecto al tiempo de haberse producido los hechos, circunstancia que concedía en cierta medida más tiempo para desarrollarlas casi noveladas a modo de crónica interesada.

Por otra parte, al tratarse de una publicación oficial solo recogía noticias extranjeras y nacionales favorables a las políticas desarrolladas por la corona y el Estado.

A finales del XVIII, con la revolución liberal e industrial aparecen multitud de publicaciones en forma de libros, revistas, panfletos y, sobre todo, periódicos que se convirtieron en una importante fuente de información para la sociedad, favoreciendo la difusión de nuevas ideas políticas y sociales de la época en contraste con las noticias oficiales, de ahí el dicho popular «mientes más que la gaceta».

La prensa pasó a ser una herramienta eficaz para la difusión de noticias e informaciones; por eso no es de extrañar encontrar noticias redactadas de igual forma, casi literal, en distintos periódicos a la vez porque más que compartir la información, se copiaba.

A principios del siglo XIX, el modo, estilo, redacción y lenguaje fue evolucionando a medida que también progresaban los medios de comunicación: linotipia, telégrafo, teléfono, fotografía, etc., cuyo avance y desarrollo daba prioridad a la rapidez de difusión de la noticia buscando entre otras cosas la primicia o exclusiva con una redacción sencilla, clara y directa. Así, en este siglo, sobre todo a finales, aparecen multitud de publicaciones con el fin de informar y surge un nuevo movimiento de comunicación de masas que marcó una transformación social, política y económica.

Las noticias del siglo XIX que aquí se muestran no han sido seleccionadas por temas concretos ni específicos sobre Novés, sino siguiendo un orden cronológico de publicación; motivo por el cual se podrá apreciar la diversidad temática y tal vez alguna discordancia entre los sucesos tratados por no tener ningún tipo de relación aparente.

En la medida de lo posible se ha procurado mantener en todo momento el formato original a pesar de la pérdida de calidad visual en muchas ocasiones. En casos muy adversos se ha procedido a realizar copia literal de la noticia para mantener el estilo descriptivo de la época.

Una simple ojeada sobre el contenido global nos permite vislumbrar múltiples peripecias y la persistente violencia reinante durante todo este siglo que comenzó con la invasión francesa, la rebelión y guerra contra el invasor, seguida a continuación, casi sin pausa, de sucesivas luchas políticas, conflictos carlistas y bandolerismo que fueron desarrollándose desde los años 30 hasta finales de los 70 de dicho siglo XIX.

En esta situación caótica proliferaron robos, asaltos y crímenes. Por si fuera poco, las noticias también dejan constancia de la existencia de plagas en el campo y de desastres naturales, lo que probablemente convierte este período, al menos desde que se tiene constancia a través de la prensa escrita, en uno de los más violentos y desastrosos de los que hayan ocurrido en Novés, sino el que más.

Del mismo modo, a través de la prensa se conoce la composición de la sociedad novesana de esa época que, junto a una serie de noticias aparentemente triviales, conceden un poco de luz y esperanza al avance y progreso económico de nuestro pueblo al comprobar cosas nimias como que el chocolate de Novés era muy apreciado en la capital del reino hasta el punto de que se hacía cola para su compra y encargos bajo demanda, o de la importancia que alcanzó su Feria, cuyos precios servían de referencia en otros mercados provinciales.

NOTICIAS DE NOVÉS EN EL SIGLO XIX

NOTICIAS.

Toledo 8 *de mayo*.— El general Darmagnac es
el gobernador de esta provincia : la primera brigada de la division Foi está en Noves, cinco
leguas de aquí ; comiéndose sus caballos, en
número de 400, la cebada en verde — Ha salido un destacamento á robar los pueblos de la
Sagra: esta ciudad está guarnecida por el 75
de línea, y un batallon de Francfort.

Valencia de Alcàntara 19 *de mayo* -- Segun
aviso de los confidentes, los franceses fortifican
el castillo de Belmez, á donde trasladan todos
los efectos que tenian en el de Belalcázar (entre ellos 70 fanegas de grano) hallándose este
último incapaz de regular defensa. Toda la ar-
tilleria la han retirado á Còrdoba, cuyo cami-

EL REDACTOR GENERAL. 2 de junio de 1812

y con nada se gana mas su gracia que con las diversiones y
espectáculos ....
NOTICIAS. = *Toledo* 8 *de mayo*. =El general Darmagnac
es gobernador de esta provincia : la primera brigada de la
division Foi está en Noves, 5 leguas de aquí ; comiéndose sus 400 caballos la cebada en verde. = Esta ciudad está guarnecida por el 75 de línea, y un batallon de
Francfort.
Valencia de Alcántara 10 *de mayo*. = Los franceses for-

EL CONCISO. 3 de junio 1812

Chinchón 11 de mayo.
Los enemigos, á pesar de que evacuaron á Toledo, subsisten en Novés con 500 caballos, que se extienden hasta Torrijos y el Carpio; la infantería en Illescas y la caballería en Yuncos. Esta tropa se llama la retaguardia del ejército del mediodía.
Antes de ayer, cerca de Parla, cogió la partida de Fermín 5 carros con vestuarios y á 18 franceses que los escoltaban.
La moneda francesa pierde en Madrid al 2 y medio por ciento, y el 88 los vales.

DIARIO DE PALMA. 11 julio 1813

Novés 5 de julio de 1820.– A las tres y media de la tarde de ayer 4 se presentó un nublado tan fuerte, que principió con truenos y vientos, después arrojó tanta copia de agua y piedra que arruinó enteramente los frutos de pan, garbanzos, aceituna y uva, sacó de cuajo álamos los más robustos de una huerta, situada casi en el pueblo, llamada del Mariscal de Castilla, y ha arrancado, más de 500 olivos por manera que parece este término, una fábrica de leña. Finalmente baste decir a vd. que las tejas volaban como un simple papel, los carros cargados de mieses han sido llevados á impulsos del viento y agua á distancias muy largas siendo por consiguiente muchas las desgracias de carreteros y mulas. Creo no se persuadirá vd. no hay ninguna exageración en lo que digo pues estoy cierto y me quedo muy corto; la caza de todas clases y cerdos muertos no puede calcularse el daño.
Queda de vd. su afectísimo suscriptor Hermenegildo López Sandoval.

DIARIO DE MADRID. 13 julio 1820

TOLEDO 22 *de setiembre.*==Ayer en el camino que va de esta á la villa de Novés fue asesinado de dos balazos don José Benayas, capitan de la Milicia nacional del último punto. Iba en compañía de otro nacional ; y antes de llegar al puente de Guadarrama se les presentaron siete hombres á caballo, que desnudaron á los dos, y mataron al pobre capitan Se dice que era la partida de Vicente Corulo; aunque piensan otros que serian carlistas de Novés ú otro pueblo inmediato.

Llamamos la atencion del gobierno sobre la impunidad de esas miserables partidas, que se acercan hasta casi las puertas de Madrid, y asesinan y saquean al indefenso viagero, y recomendamos altamente á su beneficencia la infeliz viuda y numerosa familia del desventurado miliciano, que ha muerto á manos de viles y cobardes enemigos.

EL ECO DEL COMERCIO. 25 septiembre 1836

APUNTES BIOGRÁFICOS DE D. JOSÉ BENAYAS

«Entre los miembros más destacados de la Milicia Nacional en nuestra comarca cabe mencionar a D. José Benayas García quien el 3 de marzo de 1836 es nombrado en Novés capitán de la Guardia Nacional pero que posteriormente será asesinado cerca de Villamiel por una facción que actuaba entre esa población, Rielves y Huecas. Formaba parte de una familia de ricos propietarios cuyo patrimonio crece con la compra de tierras desamortizadas. Esta familia pasará luego a Torrijos, donde contará con descendientes ilustres como D. Manuel Benayas Portocarrero.

Transcribimos la partida de defunción de D. José Benayas:

D. José Benayas, natural y vecino del lugar de Novés.

En la iglesia parroquial de Santiago Apóstol de esta villa de Rielves y en veinte y dos días del mes de Septiembre del año de mil ochocientos treinta y seis; yo el infraescrito cura propio de dicha parroquial di sepultura eclesiástica al cadáver de un hombre a quien se halló muerto en el campo y término de esta parroquia, el cual habiendo sido examinado, y por lo que resultó de testigos que a efecto de reconocerle se presentaron, se averiguó ser el citado cadáver de D. José Benayas, natural y vecino del lugar de Novés, en donde ejercía el oficio de escribano y que era de estado casado, fue enterrado con entierro medio en el cementerio de esta villa en el día de la fecha, no obstante haber sido hallado en el día anterior y para que conste lo firmé fecha ut supra.

D. Mariano de Torres».

«La primera guerra carlista en los partidos judiciales de Escalona y Torrijos» de Adolfo Delgado y Roberto Félix

TOLEDO 23 de julio.

Subinspección de la Milicia nacional.

La conducta observada por algunos nacionales de Novés, que invitados por su digno capitán D. Angel Benayas no solo se han prestado voluntariamente á perseguir la facción capitaneada por el rebelde Corulo, que dias ha recorre impunemente algunos pueblos de la derecha del Tajo fiado en la escasez de tropas disponibles, sino que hasta ha llegado su entusiasmo y patriotismo al punto de renunciar los haberes que por su movilización puedan corresponderles, es digna de todo elojio y de q ie no q iede osc irecido un rasgo de esta naturaleza. Si á imitacion de ellos y siguiendo un ejemplo tan noble secundasen este movimiento los nacionales de esta provincia, se veria muy en breve libre de las facciones que la devastan tan insignificantes y cobardes, como crueles. En vista del arrojo de un corto número de los nacionales de Novés y algunos de la partid, de D. Manuel Montes, huyó cobardemente en la tarde del 17 del actual y sitio de Majazules, Corulo y los suyos, aunque en mayor número, dejando en poder de aquellos dos caballos y una lanza. Lo que hago saber por medio de este aviso oficial para que llegue á noticia de todos los nacionales, les sirva de estímulo, convenciéndose de la necesidad en que nos hallamos de hacer un esfuerzo de esta naturaleza, que induelablemente asegurarira la paz y propiedades de esta provincia. Toledo 19 de julio de 1837.—El subinspector y comandante general de Milicia nacional de la provincia, Domingo Lopez de Castro.

LA ESPAÑA. 25 julio 1837

En los campos de Novés ha aparecido un gusano, cuya naturaleza se desconoce, y que acomete al arbolado en términos que ha consumido el fruto de las olivas de aquel territorio. El señor jefe político de Toledo, en vista de que los vecinos de Novés no han encontrado medio de extinguir el desconocido insecto, ha adoptado medidas y pedido pormenores sobre la forma, tamaño, género, especie ó familia á que corresponde, su manera de perjudicar los olivos y demás árboles, el progreso, y trascendencia del perjuicio y demás particularidades desde su aparición, juntamente con un cálculo de los estragos producidos, con objeto de consultar las sociedades científicas.

HERALDO DE MADRID. Jueves, 27 febrero 1845

PUBLICIDAD

GACETILLA DE LA CORTE.

Vituperable es por cierto lo que está pasando en el ramo de correos, sin que sea posible dar con la causa que motiva semejante desórden. Desde que se estableció correo diario en la línea de Estremadura, no hemos podido recibir puntualmente una carta de esta direccion, y sí todas con bastante retraso. Sin ir mas lejos, recibimos ayer una carta fecha del 15 en la villa de Fuensalida, y sellada el mismo 15 en la administracion de Novés, carta que debió recibirse en esta el 16 pero que no ha llegado á nuestra mano hasta el 19 cerca de medio dia, aconteciendo lo mismo en todos los correos. De desear seria que por quien corresponda se tomasen las oportunas medidas á fin de que este servicio se hiciese con la exactitud debida á un público que lo que paga es demasiado caro. Tampoco sabemos en qué consista que llegando algunos correos por la tarde no se haya de repartir la correspondencia hasta la mañana siguiente, bien entrada ya por cierto.

EL ESPAÑOL. 21 mayo 1846

Hace algunos días se susurraba que el cabecilla de latro-facciosos llamado el Cano se hallaba oculto en uno de los pueblos curándose y descansando de sus anteriores fatigas. El 3 del presente dieron parte al celador de Santa Cruz del Retamar estaba en Novés en casa de uno llamado el Sordo, y habiendo pasado el día con 4 hombres á dicho pueblo, cercó la casa, y al momento salió el dicho Cano, disparando su trabuco á los soldados y haciendo seis disparos consecutivos hasta salir al campo sin que la tropa pudiera disparar por ir tan desprevenida, que ni llevaban cargado, y aun según se dice, (aunque no es creíble) ni llevaba ni un cartucho.

LA ESPERANZA. Viernes, 10 septiembre 1847

—POR NO LLEVAR CARGADO.— El Comisario de policía de Santa Cruz (Toledo) se presentó en Novés escoltado por treinta hombres de infantería para reconocer una casa, en la que se tenía sospecha de que se hallaba oculto el famoso ladrón y asesino Cano. Efectivamente, este personaje se encontraba en su madriguera, y viendo que iba á ser preso, salió por medio de la tropa que no pudo matarle por la sencilla razón de que llevaban los fusiles descargados. El bandido huyó al soto de San Silvestre.

EL CLAMOR PÚBLICO. Martes, 14 septiembre 1847

Debemos dar cuenta á nuestros lectores de un fenómeno que ha tenido ocasión de presenciar el pueblo de Noves, provincia de Toledo, el día 30 del pasado septiembre. En dicho día ha nacido una niña con dos piernas, dos brazos muy delgados, dos cabezas bastante voluminosas, quedando entre ambas el hueco de los dos hombros, teniendo a la extremidad de la columna vertebral una excrecencia de cerca de un palmo.

Las dos cabezas, una de las cuales era mayor que la otra, estaban cubiertas de pelo, habiéndose advertido que los síntomas de la respiración cesaron en una primero que en la otra, pues vivió algunos minutos. Del ombligo arriba se conocía había formación de dos cuerpos. Creemos que este rarísimo producto de la concepción debiera ser trasladado al gabinete de la Historia Natural ó bien al colegio de medicina y cirugía de San Carlos, lo cual ocasionaría corto dispendio.

EL OBSERVADOR. Sábado, 7 octubre 1848

VENTA DE CHOCOLATE. En la calle de Alcalá, número 1, cambio de billetes, se ha establecido un nuevo depósito de chocolate fabricado en el pueblo de Noves, provincia de Toledo, en el único molino que tan acreditado se encuentra; los precios son fijos, y de la calidad del género nada se quiere decir, esperando solo la calificación que los que favorezcan el establecimiento lo den después de probarlo.

DIARIO OFICIAL DE AVISOS DE MADRID. 27 enero 1849

VENTA DE CHOCOLATE. Concluido el surtido que de Novés llegó á la calle de Alcalá, núm. 1, cambio de billetes, donde se encuentra el depósito en venta del mismo con una rapidez admirable, se advierte á los señores que han favorecido con su consumo, no ha sido posible reponerlo, y para gobierno de las personas que lo tienen encargado, llegará á esta corte y depósito dicho el 6 del corriente una gran partida de la misma clase que el anterior, al que nunca encontrarán alteración, de los precios de 6,8 y 10,2.

DIARIO OFICIAL DE AVISOS DE MADRID. 5 marzo 1849

TOLEDO 6 DE ABRIL.– La facción de Bermúdez, fuerte de 66 caballos, estuvo el miércoles en la Puebla de Montalbán, y ayer en Novés por espacio de muchas horas. Se llevó de este último pueblo tres caballos, y en el mismo se le unieron cuatro hombres. Esto es por demás significativo. Los pueblos están dormidos, sin fe y sin entusiasmo, porque todo lo han perdido. A la vista de tantos males, yacen en una postración que será espantosa para el trono de Isabel II, si el Cielo y los hombres que pueden no lo remedian. Convénzase el gobierno de que no muy tarde nos veremos envueltos en una terrible catástrofe. Si no han de saber conjurar el mal que nos amenaza, apártense de sus poltronas y harán un beneficio inmenso al país.

EL CLAMOR PÚBLICO. 8 abril 1849

CASTILLA LA NUEVA.—No hemos recibido cartas de nuestros corresponsales de Toledo acerca de la nueva escursión que parece haber hecho la partida de Bermudez por algunos pueblos de aquella provincia. Al Popular le dicen lo siguiente de Toledo con fecha 7:

«La faccion Bermudez, cuyo paradero se ignoraba hacia dias, ha vuelto a aparecer esta semana en distintos puntos de esta provincia, fuerte de 70 á 80 hombres montados; así es que no han cesado de venir partes de haber penetrado en pueblos importantes de ella, de los que se han provisto de caballos, armas, municiones, tabacos y demas que han necesitado en la villa de Menasalvas, desde pasaron el Tajo, y han penetrado en la Puebla de Montalvan, en Novés y otros pueblos, pero con la política de no meterse con nadie; en su consecuencia, ha sido declarada la provincia en estado de sitio hoy mismo, y el activo comandante general que les sigue la pista, ha salido de esta en este dia en su seguimiento ignoramos aun que resultado daró.»

EL HERALDO. 10 abril 1849

VENTA DE CHOCOLATE DE NOVES. En la calle de Alcalá, número 1, casa de comercio, cambio de billetes, se continúa expendiendo dicho chocolate en comisión, de lo mas superior que cabe en los precios de 6, 8 y 10 reales libra. NOTA. Siendo muchísimas las personas que se acercan á enterarse de los precios á que podrán salir por tareas de encargo cada una clase respectiva, las cuales suelen tener la molestia de tener que volver por no encontrarse de continuo el dueño del establecimiento, se manifiesta á dichos señores que tanto nos favorecen, que se ha hecho una notable rebaja en el precio, para corresponder á los mismos, con los sacrificios á que son acreedores, conciliándolo con una insignificante utilidad, y por dichas tareas; ya sea con canela ó sin ella, saldrá el de precio de 10 reales libra á 8; el de 8 á 7 , y el de 6 a 3 y 1/4 , llevando el género el número de su precio en el interior del mismo , á que se vende al pormenor con dos objetos; uno el de que no pueda ser alterado por nadie, y el otro el de que puedan los consumidores cotejarlo con el que al pormenor se vende en dicho depósito á los enunciados precios de 6, 8 y 10, garantía especial para probar la rebaja positiva que se tiene en tomarlo por tareas. Advirtiendo á las personas que encargan estas, que no pueden servirse sino á los ocho días después de hacer el encargo, por la dificultad de no poder atender á todos los que diariamente se suscriben con este objeto.

DIARIO OFICIAL DE AVISOS DE MADRID. 19 abril 1849

(Imagen tomada de «Novés Estampas de Ayer y Hoy. II parte»)
Cubierta de los años 40 (obsérvese el precio) cuando la marca aún mantenía fama y prestigio en toda España.

A fines de este mes tendrá lugar en Noves, provincia de Toledo, la romería de San Miguel Arcángel, que titulan feria generalmente en el país, y dura todos los años de seis á ocho días. No es mal aviso este para los comerciantes de todas clases, por ser muy concurrida así de compradores como de vendedores de ganado de cerda, boyal, mular, caballar, etc.; paños, quincalla, comestibles y otras muchas cosas de necesidad y de utilidad de que siempre hay un gran surtido.

EL CLAMOR PÚBLICO. 29 septiembre 1849

Ayer nos llamó la atención al ver por la puerta de Segovia entrar al comandante don Pablo Rodríguez que, al frente de una partida de la Guardia Civil de caballería, iba conduciendo dos carros llenos de presos ; habiéndonos informado del caso, hemos sabido que este infatigable jefe se había presentado en la feria del pueblo de Novés y sus inmediaciones , y había capturado una gavilla de diez ladrones, que se habían propuesto cortar los caminos que se dirigen á dicho pueblo, y en particular el sitio llamado la Venta del Gallo, donde tantos robos se han verificado en todos tiempos , y por sus acertadas disposiciones y auxilio de la Guardia civil que estaba á sus órdenes, ha tenido la felicidad de capturarles y librar á aquel país de que semejante canalla se apropiase á mano armada de los intereses de tantos pasajeros y comerciantes que concurren á dicha feria.

EL PUEBLO. 9 octubre 1850

Dicen de Noves: «Acudiendo muchas personas de todos los pueblos circunvecinos á esta romería, elevada hace algunos años á feria de las mas concurridas del país, raro es el año que no se mezclan en ella cuadrillas de ladrones, á fin de espiar á los feriantes y proporcionarse sorpresas de cuantía. Este año osuno de los en que ha sucedido, y el golpe lo dieron los ladrones en el camino que desde Novés conduce á Santa Olalla. Aun no se sabe de positivo si eran siete, ocho, nueve ó diez los ladrones; pero es lo cierto que se constituyeron cerca de un olivar llamado do la Doctora, y allí fueron deteniendo y robando á cuantos pasaron. La autoridad militar conoce del hecho, y se dice que hay ya presos cuatro de los ladrones.»

LA ESPERANZA. 2 noviembre 1852

LA GACETA DE MADRID. Nº 414. Febrero 1854

En la Gaceta de Madrid del día 18 de febrero de 1854 se publicaba entre otros decretos reales uno del Ministerio de la Gobernación en el que se expresa la nueva división de administraciones del Correo de Postas que estuvo vigente en España desde el siglo XVI hasta principios del XX. Como se puede observar más abajo, Novés pasa a ser una administración subalterna en el Correo de Portugal y Extremadura dependiente de la administración principal de Talavera de la Reina.

En Noves, provincia de Toledo, tienen lugar hechos repugnantes, y entre las personas que allí se han apoderado del municipio y de sus empleos, son algunas de no muy buenos antecedentes políticos y que han tenido que ver en ocasiones no poco con los tribunales de justicia y con los facciosos cuando la guerra civil. Esta gente ha sembrado la consternación en todo el vecindario. Sus abusos no tienen número; así que las autoridades judiciales entienden ya en ellos. Parece que noches atrás don Ángel Benayas, sujeto muy conocido y apreciado en aquella provincia, tanto por sus ideas liberales como por su buen comportamiento cuando ha sido alcalde, fué detenido por cinco hombres embozados, uno de los cuales le disparó á dos pasos un trabucazo; así es que cayó herido por dos balazos en la cabeza y destrozado el sombrero con otros tres; por un milagro, sin duda, hállase en la actualidad algo restablecido. Estos hechos tan punibles hacen el panegírico de la situación actual y de lo afirmada que se halla la seguridad individual.

LA IBERIA. 6 diciembre 1856

Escriben al *Clamor Público* de Novés (pueblo de Castilla la Nueva), que el ayuntamiento últimamente nombrado habia elegido para alguacil á un latro-faccioso de los que anduvieron en los montes de Toledo desde 1836, y que á consecuencia de un asesinato que ejecutó echando en una hoguera á un jóven nacional de su pueblo que hizo prisionero, fué condenado á trabajar en el canal de Castilla, de donde volvió despues de cumplir su condena.

EL CLAMOR PÚBLICO. Año 1856

SUBASTAS. – Alcaldía constitucional de Novés. Con superior autorización se venden en pública subasta los uniformes de la disuelta Milicia Nacional de Novés, cuyas prendas y valor en que han sido apreciadas, es el siguiente:
Pantalones 54 a 30 reales, 1.620.
Levitas 67 a 60 reales, 4.020.
Charreteras encarnadas 67 pares á 6 reales, 402.
Chacós 73, á 20 reales, 1.460.
Para su remate que se celebrará bajo las condiciones que están de manifiesto en la secretaría de ayuntamiento y de tres palmadas está señalado el día 31 de mayo a las diez de la mañana en las Casas consistoriales.
Se anuncia al público para inteligencia para los que gusten interesarse en la licitación.
Novés 13 de mayo de 1857. El alcalde José Lara Travado.

DIARIO OFICIAL DE AVISOS DE MADRID. 25 mayo 1857

En las *Córtes* leemos las siguientes lineas:

«La situacion del pueblo de Noves, provincia de Toledo es digna de llamar la atencion de la prensa y del gobierno de S. M. Segun nos escriben de dicho punto, al paso que cuarenta y siete vecinos honrados se encuentran procesados por el juzgado de primera instancia de Torrijos, á que el dicho pueblo corresponde, por el delito de haberse cantado *patrióticas*, asi está calificado el proceso, los liberales de todos los partidos oyen con escándalo victorear á Montemolin, cuyo grito, como el de un rebelde, no puede menos de ser legalmente subversivo, y sufren el disgusto de escuchar los armónicos cantos de la *Pitita*, á cuyo asqueroso tono en 1823 se saqueaban las casas de los picaros negros por las turbas desenfrenadas que se llamaban defensoras de la religion y del trono.»

¿Podrá decirnos la *Gaceta*, ó siquiera el *Leon*, si son ciertos estos hechos, y qué medidas se han adoptado ó se piensan adoptar por la autoridad competente?

LA DISCUSIÓN. 27 agosto 1857

La iglesia de Novés, en el partido de Torrijos, ha sido robada, llevándose los ladrones el copón, dos cálices, varias cucharillas, dos relicarios, siete coronas de imágenes, todos los vestidos de estas, tres albas y otros efectos. Inmediatamente el juez de primera instancia don Pedro Bravo y Barcones, salió para el lugar de este atentado, habiendo comenzado ya la causa para castigo de los que resultaren reos de esta profanación, que ha causado profundo disgusto en aquel pueblo. El sacristán está preso. Es verdaderamente sensible la frecuencia con que se repiten estos crímenes, indignos de una nación religiosa y civilizada.

LA IBERIA. 17 junio 1858

Los robos sacrílegos continúan á la orden del día. Acaban de perpetrar uno en la iglesia de Novés provincia de Toledo. Los malhechores se llevaron la corona de plata de la Virgen de los Remedios, el manto y la corona de Nuestra Señora de la Soledad, un corazón traspasado de siete espadas de plata, y muchos vasos y objetos sagrados de gran valor. La justicia entiende ya en el asunto.

LA INDEPENDENCIA ESPAÑOLA. 21 junio 1858

Nuestro corresponsal de Novés (Toledo), nos escribe que apenas se tuvo conocimiento en aquella población, del feliz suceso que hoy llena de alegría á la Península, (se refiere a la toma de Tetuán) todos los habitantes corrieron dando vivas á las casas consistoriales, donde se había fijado un edicto anunciando la gloriosa nueva. En seguida se extendieron por el pueblo victoreando á la Reina, al general O'Donnell, y al ejército, disparando multitud de cohetes. Reunido después el ayuntamiento y mayores contribuyentes, bajo la presidencia de su digno alcalde corregidor, dispuso una iluminación general, y una función de iglesia, que se prestaron á hacer gratuitamente los sacerdotes del pueblo, en celebridad de día tan fausto para España.

EL DÍA. 13 febrero 1860

Finalizando el año 1860 se publican noticias sobre inundaciones en Peñafiel, Medina del Campo, Soria, Córdoba y Sevilla. También en Novés:

Más agua. En Novés (Toledo) diluvió tanto el 23, que los arroyos salieron de madre hasta el extremo de que á la salida de la calle de la Aduana improvisaron un puente los vecinos de aquel barrio: quiso pasar un niño, vino una oleada, y la corriente le arrastró y estuvo en muy poco que se abogase.

En la noche del 25 al 26, entre tres y cuatro de la madrugada, sopló un vendaval tan recio, acompañado de una fuerte lluvia, que si hubiera durado una hora, hubiera sido la ruina y desolacion de aquel pueblo; el huracan derribó muchos perales; en una casa sacó de cuajo las puertas falsas, que tenian tres varas de alto por dos de ancho, con cerrojos de arroba y media de peso (así lo escriben), su buena tranca, y colocadas sobre una buena fabrica de ladrillo y piedra. Todas las huertas, siembras, caminos y fuentes públicas sufrieron deterioro, y nunca aquellos vecinos han conocido tanta agua en tan corto tiempo.

Los labradores llevan ya dos meses sin poder hacer nada, y algunos no han concluido la siembra.

EL REINO. 2 enero 1861

«En la semana anterior, otros seis hombres á caballo se han presentado en las inmediaciones de Torrijos, pueblo grande, de comercio, cabeza de partido, situado á cuatro leguas de Toledo y a la derecha del Tajo, en busca de un propietario que, por su dicha, no hallaron en su posesión.» «Frustrado su intento, se dirigieron á Novés, pueblo también grande, con objeto de apoderarse de otro propietario y labrador. Dentro del pueblo apresó dos la Guardia civil. Este estado no puede prolongarse. El gobierno está en el deber de poner un término á un escándalo que pone á esta provincia en el caso que los más atrasados países.»

LA ESPERANZA. 2 julio 1861

—Leemos en *Las Novedades*:

«Despues de la prision de varios malhechores, que se cree constituian la banda organizada para el robo de propietarios en la provincia de Toledo, ha aparecido una partida, restos de aquella, segun se dice, que hace tiempo tiene en continua alarma á gran número de pueblos.

En las huertas de Torrijos, pueblo grande é importante, cabeza de partido é inmediato á Toledo, y en Novés, otro cercano, tambien de importancia y grande vecindario, se han presentado seis hombres á caballo en busca de propietarios que afortunadamente no estaban en sus fincas.

Si esto sucede en la presente estacion que los campos estan llenos de gente ocupada en las faenas agricolas, ¿qué podrán prometerse los labradores y propietarios en el próximo invierno?

Esta es la seguridad que se experimenta á doce leguas de la córte y del gobierno.

¡Es esta la proteccion que la agricultura, el comercio y la industria deben á la administracion, en pago de sus inmensos sacrificios?

En ya una necesidad para los propietarios de aquella provincia formarse una guardia aun en sus mismos pueblos, y esto si consiguen licencia de armas, que por más responsabilidad que tengan es hoy harto difícil.»

EL REINO. 3 julio 1861

Nos escriben de Novés, provincia de Toledo, que habiéndose vendido en pública subasta el local que se hallaba destinado á la escuela de aquel pueblo, el ayuntamiento se ha visto precisado á disponer que sirva para el efecto la sala donde celebra sus sesiones; más como estas se verifican con bastante frecuencia, con la misma se ven los niños privados de poder asistir.

Llamamos la atencion de quien corresponda para que de la cantidad que, segun tenemos entendido, se piensa destinar á la reparacion y edificacion de locales para la enseñanza, se dedique alguna á la del pueblo á que nos referimos.

EL ECO DEL PAIS. 13 enero 1863

Ayer se recibió un despacho participando un crimen horrible cometido anteayer en el pueblo de Novés (provincia de Toledo). Dos niños, uno de cinco años, otro de 18 meses, han sido asesinados por su abuela con el mango de un hacha. La madre llegó á los pocos momentos y halló á sus hijos sin vida.

EL CONTEMPORÁNEO. 28 mayo 1864

En el siglo XIX, y hasta su abolición en 1927, una ley amparaba la sustitución o redención del servicio militar, circunstancia que permitía a los hijos de las clases acomodadas liberarse de esta obligación.

La primera opción era sustituir al mozo de remplazo a quien correspondía cumplir el servicio militar por otro para que lo hiciera en su lugar con la condición que debía de tener la misma edad y condiciones aptas para el servicio.

La segunda opción conocida como redención en metálico consistía en abonar una cantidad en metálico para liberar al mozo de las obligaciones militares.

Seguro que esta redención que se produjo en Novés conocida por el recorte de prensa que sigue a continuación no fue la única que se hizo.

Excmo. Sr.:—Por el Ministerio de la Gobernacion del Reino se dijo á este de la Guerra en 18 de Abril próximo pasado lo siguiente:—El señor Ministro de la Gobernacion dice con esta fecha al Gobernador de la provincia de Toledo lo que sigue:—Pasada á informe de la Seccion de Gobernacion y Fomento del Consejo de Estado, la instancia presentada por Claudio Solorzano en solicitud de que se ordene la admision de 8,000 reales para redimir la suerte de su hijo Máximo, quinto por el cupo de Noves para el reemplazo de 1863; dicha Seccion ha emitido el siguiente dictámen:—Vistos los artículos 147 y 152 de la ley de reemplazos vigente:—Considerando que habiendo reclamado Claudio Solorzano, padre del mozo Máximo, contra la declaracion de soldado de su hijo, quedó como en suspenso y sujeto á alteracion el fallo del Consejo provincial de Toledo, relativo al mismo mozo y que por esta circunstancia no podia reputarse como definitivamente soldado el indicado Máximo Solarzano, hasta tanto que por el Gobierno de S. M. se confirmase ó revocase el fallo reclamado:—Considerando que declarado soldado el mozo Máximo Solorzano por Real órden de 27 de Noviembre de 1863, deben principiar á correr los dos meses que fija el citado artículo 152 desde el dia en que le fué notificada dicha Real disposicion:—Considerando que habiendo solicitado el recurrente en 18 de Enero de 1864 redimir la suerte de soldado á su hijo Máximo, debe declarársele comprendido dentro del plazo que al efecto se fija en la ley:—Esta Seccion opina debe concederse á Claudio Solorzano la redencion que solicita, con arreglo á lo dispuesto en el citado artículo 152 de la ley.—Y ha-

Reales Órdenes y Circulares de interés general
para la Guardia Civil. 1865

La mayor importancia de las ferias de la provincia de Toledo data desde que los Austrias desheredaron a Toledo en favor de Madrid.

Desde entónces los pueblos del reino toledano, faltos de este centro comun de venta para sus producciones, solicitaron y obtuvieron en diferentes épocas licencia para establecer ferias en sus términos. Talavera, Torrijos, Ocaña, Illescas, Escalona, Novés, Puente del Arzobispo, Mora, El Toboso, Villacañas, Consuegra, la Puebla de Don Fadrique, Madridejos, la Torre de Estéban-Hambran, Urda, la Puebla de Montalban y Oropesa tuvieron y tienen todavía esos mercados, en que una ó dos veces al año alguno de ellos, dan fácil salida á sus riquezas naturales, y se proveen de lo necesario para el mantenimiento de sus familias y sosten de sus haciendas. La desgracia de Toledo fué para estos pueblos un bien, porque concentrados en sí mismos, por haberles faltado el calor que antes les prestaba la capital, tuvieron que hacer un esfuerzo supremo, para evitar la miseria que les amenazaba.

EL TAJO. 10 febrero 1866

D. Eulogio Benayas nació en Noves, pueblo de la provincia de Toledo, en 11 de marzo de 1811. Dedicado al estudio siguió con aprovechamiento las carreras de derecho canónico y civil, cuando estas facultades se hallaban separadas en la Universidad de la historia y monumental Toledo. Su no vulgar capacidad y su constante aplicación le valieron esos triunfos literarios que tanto halagan la imaginación juvenil y que son el grato recuerdo de la edad madura. Decidióse después por el foro, donde se han distinguido tantos hombres eminentes en nuestra patria, y en que alcanzó á su vez merecidos lauros. Nombrado en 1841 Promotor fiscal del Juzgado de Torrijos, desempeñó este cargo hasta 1843 en que filé nombrado Juez de primera instancia de Escalona, donde continuó hasta 1847 en que se le declaró cesante, á pesar de las grandes simpatías que había sabido captarse en ambas poblaciones por su excelente comportamiento. Después de haber permanecido durante un largo período en la vida privada, volvió á figurar nuevamente en 1855 en que fue electo Diputado provincial por Toledo, perteneciendo a este cuerpo hasta 1856 en que quedó disuelto. Nombrado en 1858 vicepresidente del Consejo provincial, que había sucedido á las antiguas diputaciones, no aceptó este destino, pero en las elecciones generales de diputados á Cortes, que tuvieron lugar el mismo año, vino a representar su provincia a los escaños del Congreso, donde permaneció hasta 1861, en que fue nombrado Gobernador de la provincia de Huelva. Promovido á este puesto desde un Juzgado de primera, Instancia y cambiando repentinamente de carrera y posición, no dejó de acreditarse en él, siendo trasladado sucesivamente á las provincias de Badajoz, Guadalajara, Ciudad-Real y Segovia, en la que no llegó á tomar posesión por haber hecho renuncia que le fue admitida en 14 de noviembre 1864. Cesante desde esta época ha vuelto á ser elegido diputado por Toledo en 1861, habiendo obtenido 4.161 de los 6.200 que ingresaron en las urnas. Sus hechos en el Congreso pertenecen á la historia crítica de la actual asamblea que estamos escribiendo, y en algunos será brevísima. Como el Sr. D. Eulogio Benayas hay gran número de Diputados en la actual legislatura. Personas dignas, no lo negamos, pero apenas conocidas la mayor parte más allá de su distrito.

ESCENAS CONTEMPORÁNEAS. 1865

En Novés (Toledo) se inauguró el 14 una *Escuela nocturna de adultos*, consagrada á propagar las instruccion entre los trabajadores y artesanos. El profesor, señor Ollero, pronunció el discurso de inauguracion en presencia de las principales personas del pueblo y de los ochenta discípulos con que cuenta la clase, Conveniente seria que otros pueblos imitasen tan buen ejemplo, á fin de ilustrar á las clases pobres.

EL IMPARCIAL. 28 octubre 1867

—El 30 del corriente á las diez de su mañana se celebrará en la Secretaria del Ayuntamiento de Novés, licitacion pública para la demolicion y reedificación de sus Casas Consistoriales, bajo el plano, presupuesto y. condiciones facultativas que estarán de manifiesto en dicha Secretaría, sirviendo de tipo la cantidad de 6.560 escudos 697 milésimas.

EL TAJO. 11 enero 1868

Se ha declarado que no procede reconocer como carga de justicia la renta que se consideraba con derecho á percibir el ayuntamiento de Noves (Toledo) por el equivalente de las alcabalas de aquel pueblo.

Por el contrario, se ha declarado subsistente á favor de la villa de Higuera la Real, la renta anual de 195 escudos, importe de dos pensiones afectas á

EL PENSAMIENTO ESPAÑOL. 27 julio 1868

38

Como ampliación interesante a la noticia anterior que publicó del diario El Pensamiento Español en la que se da a conocer que no procede reconocer al pueblo de Novés el derecho de percibir una renta por sus alcabalas adjuntamos la siguiente nota del B.O.E. de 1868.

Presentada una solicitud por el Ayuntamiento de Novés ante el Ministerio de Hacienda reclamando tal derecho el ministro D. Manuel Orovio, aprueba una Real Orden con fecha 10 de julio de 1868 que se publicó en el B.O.E. con fecha 1 de agosto de 1868 denegando tal solicitud argumentando unos datos históricos sobre la venta de dichas alcabalas al rey Felipe IV en 1628:

Excmo. Sr.: He dado cuenta á la Reina (q. D. g.) del expediente promovido ante esa Direccion por el Ayuntamiento de Novés, provincia de Toledo en solicitud de que se reconozca y declare como carga de justicia la renta que se considera con derecho á percibir por el equivalente de las alcabalas del lugar de su nombre.

En su consecuencia:

Vista la Real carta de privilegio expedida por D. Felipe IV en Madrid á 2 de Mayo de 1628, aprobando y confirmando la de venta en ella inserta, su fecha 20 de Mayo de 1627, mediante la que se vendieron al concejo, justicia y regimiento del lugar de Novés las alcabalas del mismo que entraban en el

partido de la ciudad de Toledo, sin las
de las casas y heredades que se admi-
nistraban aparte por la Real Hacienda,
en empeño de juro al quitar; con alza
y baja, y sin jurisdiccion, en precio de
5.017.310 maravedis que ingresaron
en la Tesorería general, y con cargo de
pagar los situados:

Vista la Real cédula librada por
D. Felipe V en Madrid á 24 de Febrero de 1709, confirmando al lugar de
Novés la venta en empeño de sus alcabalas, y declarándolas exceptuadas del
decreto de incorporacion:

Visto el informe de la Contaduría de
Hacienda pública de Toledo, en el que,
con referencia á los antecedentes que
en ella obran, se manifiesta que las alcabalas del lugar de Novés no cubren
la carga del situado que tienen contra
sí, siendo esta la causa de que el Ayuntamiento reclamante no figurase entre
los partícipes que comprende la liqui-
dacion general y parcial formada en
1855:

Vista la ley de 23 de Mayo de 1845
refundiendo las alcabalas y demás ren-
tas provinciales en la contribucion de
consumos y mandando abonar de los
productos de esta á los dueños de alcabalas y cientos enajenados de la Hacienda pública la cantidad que resulta-
ra haberles correspondido en el año
comun del último quinquenio:

Vista la ley de 29 de Abril de 1855 determinando la revision de las cargas de justicia, y el art. 9.º de la de Presupuestos de 1859 estableciendo la forma de llevarla á cabo.

Considerando que adquiridas con alza y baja las alcabalas del lugar de Novés y no alcanzando los productos de estas á cubrir el importe de los situados con que estaban gravadas, no cabe abonar renta alguna por este concepto al Ayuntamiento, limitado como se halla su derecho al liquido resultante despues de satisfecho el situado: S. M., conformándose con los dictámenes que sobre el particular han emitido la Seccion de Hacienda del Consejo de Estado, esa Direccion y la Asesoria general de este Ministerio, se ha servido confirmar el acuerdo de la Junta de revision y reconocimiento de cargas de justicia, por el que se declara que no procede reconocer la de que se trata.

De Real órden lo digo á V. E. para su conocimiento y efectos correspondientes. Dios guarde á V. E. muchos años. Madrid 10 de Julio de 1868.= Orovio.=Sr. Director general del Tesoro público.

B.O.E. Valladolid 1 agosto 1868

PUBLICIDAD

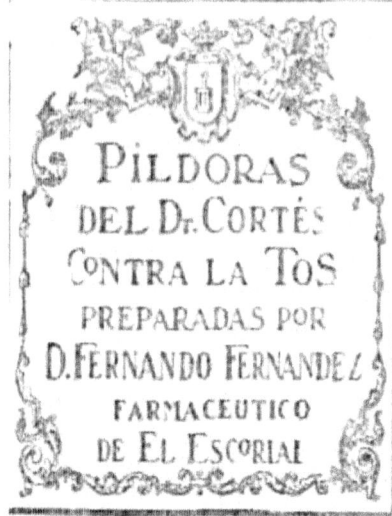

PUBLICIDAD

Negativa a jurar la Constitución del farmacéutico de Novés.
Al Sr. alcalde popular de Novés, TOLEDO.

No permitiéndome mí conciencia, por oponerse abiertamente á las creencias religiosas grabadas en mi corazón con caracteres indelebles, cumplimentar la orden que con fecha de ayer se ha servido V. S. darme para que, como dependiente del Municipio, concurra el domingo 27 del corriente á prestar el juramento de guardar y hacer guardar la nueva Constitución, lo pongo en conocimiento de «V. S. para disculpar mi falta de asistencia á dicho acto, sancionar con mi humilde voto que los sentimientos religiosos que me inculcaron mis padres y maestros son la pura verdad; y probar ante el mundo entero mi conformidad con el *Syllabus*, según el cual no es lícita la libertad de cultos. A tomar esta medida no me mueve ningún pensamiento de desacato è las autoridades, como no le tengo tampoco para decir con el respeto debido á V. S., que me extraña la convocatoria, ya porque no soy empleado del Municipio desde que el señor Gobernador, quitando la inveterada y bien fundada costumbre de ser el farmacéutico vocal nato me eliminó de la Junta de Sanidad; ya porque en el contrato que hice con el. Ayuntamiento y doble número de mayores contribuyentes, no me obligue á otra cosa que á dar por una pequeña retribución, las medicinas que en el transcurso de cuatro años necesitara la Beneficencia. Expuesta, pues, con este motivo mi irrevocable resolución, solo me resta decir á V. S., que, si piensa reproducirme el aviso para que, como oficial cesante de una dependencia del ministerio de Fomento, me presente á la jura, se evite esta molestia para ahorrarme el trabajo de tener que contestar en el mismo sentido.= Dios, etc. Novés 25 de junio de 1869.=Andrés Alonso Palacios. =Es copia.=Alonso.

LA REGENERACIÓN. 14 julio 1869

De Novés y San Silvestre, en la provincia de Toledo, nos escriben, que no habiendo el recaudador de contribuciones de Maqueda avisado oportunamente á los propietarios que tienen fincas en el término de este último pueblo de los días que se verificarla el cobro del primer trimestre de contribución de 1869 á 1870, se hallaron sorprendidos con el aviso del recargo de primer grado. Presentáronse enseguida en Maqueda á pagar su respectiva cuota, pero negándose a satisfacer el recargo, puesto que no habían incurrido en morosidad por falta del previo aviso que previene la instrucción. No quiso el recaudador admitir el pago sin el recargo, y los propietarios recurrieron á la administración económica de la provincia, exponiendo los fundamentos de su derecho. Por mas gestiones que han practicado, no han podido obtener una resolución, y habiéndose presentado á pagar el segundo y tercer trimestre que ha vencido posteriormente, para cuyo pago fueron previamente avisados, se ha negado el recaudador á admitirle mientras no lo realicen del primero con los recargos. Dos cosas llaman la atención, la falta de resolución después de cinco meses en asunto tan sencillo, y la negativa del recaudador á cobrar el importe de los trimestres, sin perjuicio de lo que se decidiese sobre el recargo. El asunto es sencillo, y á la verdad que está resuelto con solo exigir del recaudador los recibos de los avisos que ha debido recoger de los alcaldes de Novés y San Silvestre; si los tiene, procede el apremio: si no, los propietarios se niegan con razón á satisfacer recargos á que no han dado lugar. (Para una cosa tan fácil, tanto tiempo. ¡Qué administración!)

LA ÉPOCA. 22 febrero 1870

—Ha aparecido una pequeña partida en término de Polán (Toledo). En Escalonilla se presentó otra, siendo batida por la guardia del ayuntamiento, matándoles un caballo. Se ha dirigido á Novés. Se la persigue activamente por la guardia civil.

LA ÉPOCA. 5 mayo 1872

—«El cabecilla carlista cura de Alcabón, de la provincia de Toledo, ha reunido ya unos 50 jinetes y anteayer entró en Novés, sin que nadie se opusiera, facilitándole ocho caballos. La Guardia civil de Torrijos persigue inútilmente esta pequeña facción, por ser montada, pero es muy probable que ya haya salido caballería en su persecución.»

LA ESPERANZA. 10 mayo 1872

«Con motivo de haberse levantado una partida carlista, capitaneada por Cortés y Garrido en la provincia de Toledo, salió anteayer de la capital una columna; y ayer el escuadrón de Talavera, al mando de su capitán don José Parés, y ocho guardias civiles, dejando á la infantería, que no podía seguir en su precipitada marcha, avanzaron reventando caballos hasta alcanzar la facción entre Novés y Maqueda, sitio denominado La Silla, dispuesta á resistir en los olivares. El resultado ha sido dar muerte á siete enemigos, entre ellos dos de los jefes, haciendo 23 prisioneros que se encuentran en la cárcel de Toledo, cogiéndoles 24 armas de fuego, tres blancas, un caballo, 36 duros y un estandarte con varios lemas. Un corto número de ellos se vio huir durante el combate. Por nuestra parte hemos tenido un soldado herido levemente y el caballo de un guardia reventado.»

EL DEBATE. 30 noviembre 1872

Castilla La Nueva.— El jefe de la columna de operaciones en la provincia de Toledo, comandante capitán de. cazadores de Ciudad-Rodrigo D. Vicente Berrocoso, participa que se han aprehendido por resultado de la acción de Novés cuatro carros cargados de efectos de guerra, como son carabinas, sables lanzas, cariuchos, maletas, sacos, un revólver, papeles y otros efectos

LA INDEPENDENCIA ESPAÑOLA. 2 diciembre 1872

El estandarte cogido á la partida carlista le- vantada en Novés (Toledo), y cuya entrega hizo ayer al ministro de la Guerra el jefe de la columna que la batió, señor Parés, es un trabajo verdaderamente notable.

En uno de los lados lleva una cruz de la órden de Santiago, encima de la cual campea el siguiente lema: «Jesucristo y su Evangelio.»

En el reverso, y primorosamente bordado en oro, se encuentra el escudo de las armas de España, con las flores de lis en el centro.

Encima del escudo, y en letras bordadas en seda azul, figura la siguiente inscripcion: «Dios, patria y ley.»

En cada uno de los ángulos de ambos lados tiene bordada en seda amarilla la flor de lis.

El fleco del estandarte es de canutillo de oro perfectamente acabado.

Y por último, pendian dos magníficos cordones de oro rematados por dos preciosas borlas del mismo metal.

La corbata que acompaña al estandarte es toda ella de canutillo de plata, y las cintas que penden llevan la siguiente inscripcion: *Doña Margarita de Borbon y de Este, reina de España.*

La corbata está rematada por una imágen litografiada que representa Nuestra Señora de los Milagros.

LA EPOCA. 3 diciembre 1872

Ayer corrían rumores de que lo ocurrido en Novés (Toledo), ha tenido cierta semejanza con la sangrienta catástrofe de Montealegre. Nos resistimos á creerlo, aunque ya otra vez, en esa desdichada provincia, se dijo, sin que nadie lo desmintiera en debida forma, que habían sido bárbaramente fusilados catorce carlistas que se bailaban descuidadamente lavándose la ropa en un riachuelo, hecho que la Gaceta conté como si hubiese sido un empeñado y formal combate. Pensando en que la partida de Novés había crecido toda, siendo prisioneros sus individuos y muertos todos los jefes menos Garrido, que logró fugarse, y sin que la tropa tuviera un solo herido, se ocurran naturalmente tristes ideas. Por esto desearíamos, como *La Reconquista* que se abriera una información sobre estos hechos, y esperamos que los mismos periódicos ministeriales nos ayudarán á pedirlo. Y si les parece que no hay motivo, lean lo que escriben á *La Regeneración*, de la provincia de Toledo: «En una hondonada, fueron sorprendidos los carlistas, por una columna de caballería compuesta de 70 tiradores y nueve guardias civiles; al ver la columna amadeísta, los carlistas se entregaron á discreción, sin hacer uso de sus armas, puesto que en la sorpresa, les fue imposible otra cosa; pero a los amadeístas les convenía que hubiese acción, é hicieron fuego, causando seis víctimas en el simulado ataque. Todos los muertos estaban heridos de bala en la cabeza y con grandes pinchazos en el cuerpo todos boca abajo, todos con el forro del bolsillo por fuera, y alguno sin calzado, señales que revelan lo que habrá pasado.» *La Reconquista*, refiriéndose á noticias que ha recibido, dice entre otras cosas: «No creemos, no podemos, no debemos creer que el jefe amadeísta, después de reducidos a prisión nuestros amigos, llamase por sus nombres á los que se designaban como cabecillas, diciendo que quería conocerlos. No podemos creer que después de adelantarse tranquilamente los siete llamados, sin armas y en actitud pacífica, naturalmente, se oyó la voz da ¡fuego! y cayeron bañados en sangre, siendo rematados con una saña feroz tres de ellos que intentaron huir. No podemos creer que después de muertos, los vencedores se cebasen de tal modo en los cadáveres, que los dejaron completamente desconocidos a fuerza de lanzazos. Nada dé esto creemos, porque no debe ni puede creerse semejante cosa da un español; pero como los que así lo dicen lo creen, y como habrá probablemente otros muchos de su opinión, juzgamos indispensable que se forme un expediente con el cual podrían quedar confundidos todos los mal penados.»

Algo de esto debe haber oído *El Universal*, quien confiesa que los tiradores hicieron fuego sobre el jefe carlista después de tenerle prisionero, porque él disparó dos tiros de revolver contra el jefe amadeísta, que por fortuna no le hirieron. Sin querer nos acordamos de los innumerables presos que en Andalucía eran fusilados por quererse escapar. ¡Qué tiempos los presentes!

EL PENSAMIENTO ESPAÑOL. 4 diciembre 1872

El dia de Santa Ana hubo en Novés, Toledo, una reyerta, de resultas de la cual fué muerto en la plaza un hombre de un disparo de revol- ver. El agresor fué acometido en seguida á pu- ñaladas y garrotazos, quedando en muy mal estado.

EL GOBIERNO. 31 julio 1873

El activo y celoso cabo segundo de la guardia civil Francisco Carrillo, con los guardias á sus órdenes, salió ayer del pueblo de Novés (Toledo), conduciendo á Torrijos á disposicion del juzgado de primera instancia catorce individuos presuntos autores del asesinato y robo que se efectuó en una de las principales casas de aquel pueblo en la noche del 26 de febrero último.

La poblacion entera de Novés presenció la salida de los presuntos reos del horrible hecho que ha consternado á aquellos pacíficos habitantes, y todos ellos manifestaron al cabo Carrillo las simpatías que ha conquistado por su actividad en el pronto descubrimiento de los criminales.

CORRESPONDENCIA DE ESPAÑA. 3 abril 1876

ANUARIO DEL AÑO 1880

A partir de 1879 comienza a publicarse un anuario o almanaque que ofrece las señas de las personas que integran las instituciones de las administraciones públicas y de numerosas personas que tuvieran un oficio, profesión, o ejerciera un servicio público o fuera propietario de un comercio, industria o fábrica tanto en Madrid como en el resto de provincias y posesiones españolas de ultramar.

Este tipo de publicación sigue el estilo de otras similares que se hacían en Europa. En este caso, el anuario está estructurado por provincias, partidos judiciales y localidades que a través de una amplia red de corresponsales ofrece datos generales de todas las localidades de España y más de 400.000 señas de profesionales, industrias y comercios que bajo el punto de vista antropológico ofrece una información muy interesante para observar la estructura social española del siglo XIX.

Con los datos referidos a Novés que se publican en el anuario del año 1880 se ha elaborado la relación que sigue a continuación para apreciar la estructura y composición de la sociedad novesana a finales del siglo XIX. Evidentemente, no se trata de una relación exhaustiva y seguramente no están reflejados todos los negocios existentes, del mismo modo que se echa de menos una relación de los principales propietarios de tierras, cuyo peso e importancia en la riqueza y la economía local en esta época era más que evidente, pero sí nos permite hacernos una idea aproximada.

NOVÉS

Lugar con Ayuntamiento de 2.388 habitantes situado a 5,5 kilómetros de Torrijos.

ADMINISTRACIÓN

Alcalde: Eugenio Benayas.
Tenientes de alcalde (2): Felipe Benayas, Mariano Gil.
Juez Municipal: Clemente Benayas.
Fiscal: Francisco Castaño.
Párroco: Nemesio Salazar.
Profesores de Instrucción Pública: Juan Puebla (niños) Gumersinda Díaz (niñas).

COMERCIO, INDUSTRIA Y GANADERÍA

Aceite y vinagre (4): C. del Álamo, M. Bolonio, M. Muñoz, G. Rodríguez.

Albañiles (4): E. Esteban, I. Muñoz, M. Muñoz, M. Valtierra.

Billar (juego): E. García.

Carnicero: J. Marrón.

Carpinteros (2): M. Bullido, L. Peinado.

Cirujano-sangrador (3): G. Rodríguez, A. Serrano, A. Toranco.

Confiterías (2): J. Díaz, G. Marrón.

Espartería: J. del Río.

Estanquero: J. del Álamo.

Farmacia: F. Castaño.

Fieltros para sombreros (fábrica): J. Gómez.

Ganados de cerda (2): J. Caro, F. Ordóñez.

Ganado lanar (4): G. del Álamo, J. del Álamo, E. Castaño, J. J. Gaytán.

Ganado mular: J. Montoya.

Herreros (4): T. Benayas, E. Bolonio, P. García-Nuero, A. Muñoz.

Médico: V. Picatoste.

Notario: I. Benayas.

Panaderos (7): F. Caño, S. Cofrade, A. Esteban, J. Forte, F. del Moral, F. Ordóñez y Compª, J. Palomo.

Peluquero: G. Bermejo.

Posaderos (2): C. Farelo, J. Valtierra.

Sombrerero: J. Gómez.

Fábricas de tejas, ladrillos y baldosas (3): I. Álamo, E. Castaño, M. Yepes.

Tejedores (4): I. Benayas, F. Caño, L. García, L. Gil de Rozas.

Tejidos (3): L. Benayas, P. de la Fuente, H. Alonso.

Transportes (4): A. Bermejo, J.M. Bolonio, D. Paz, L. Peinado.

Ultramarinos (7): L. Caño, P. Benayas, V. Fernández, M. Muñoz, L. Ordóñez, V. Pérez, V. Solórzano.

Veterinarios (2): F. Orúe, A. Rodríguez.

Vinos y licores (3): F. Alonso, I. del Álamo, R. García.

Zapateros (4): D. Pérez, J. Pérez, C. Rico, P. Rodríguez.

ANUARIO DE INDUSTRIA Y COMERCIO. Año 1880.

TRASCRIPCIÓN LITERAL

Nos escriben de Novés (Toledo) un hecho llevado a cabo por el recaudador de contribuciones de aquel pueblo, digno de figurar entre las irregularidades de la época. Este famoso recaudador llamado D. Antonio Sánchez Dueñas, desapareció en el mes de Mayo último sin saberse a donde fue, pero lo sensible del caso es que el resultado de su desaparición fué el requerimiento por papeleta de apremio á los señores, duque de Abrantes, D. Celestino Martín, don Jerónimo del Álamo, D. José y D. Romualdo Alonso, D. Manuel Maroto, D. Antonio Taranco y don Eugenio Bonayas,

Los referidos sujetos acudieron á casa del Alcalde el día citado, protestando del requerimiento por haber pagado en su día como lo atestiguaron exhibiendo los recibos talonarios, pero mayor fue su sorpresa al comunicarles el comisionado de apremio que no sólo se hallaban en descubierto del 4° trimestre sino que partía el atraso desde 1880. Inútil es decir que este es el primer conocimiento que de tal cosa tienen los interesados, pero la cierto es que no se comprende esa informalidad y esas defraudaciones en las cuentas de recaudación, ni como se verifican nombramientos de esta clase en personas de arraigo y conocimiento que no resulten como les ha resultado el Sr. Dueñas á los vecinos de Novés.

LA VANGUARDIA. 30 junio 1883

Quejas de pueblos grandes que carecen de estación telefónica o telegráfica mientras se invierte en la provincia de Toledo, considerada una de las más pobres de España:

Y para que se comprenda todo el valor de este proceder de la dirección, dice también *El Telegrafista Español* el número de habitantes que tiene cada uno de estos pueblos, que es como sigue:

Alcaudete de la Jarra, 2.042; Almorox, 2.229; Belvis, 2.903; Corral de Almaguer, 4.780; Calzada de Oropesa, 3.220; Escalona, 1.087; La Estrella, 1.200; Fuensalida, 3.112; Gerindote, 1.431; Illescas, 1.620; Navahermosa, 3.829; Navalmorales, 3.723; Navalucillos, 3.147; Novés, 2.485; Ocaña, 5.724; Orgaz, 2.257; Puente del Arzobispo, 1.712; Puebla de Montalban, 5.982; Portillo, 1.928; Sevilleja, 1.910; Santa Olalla, 1.921; Torrijos, 2.597; Val de Santo Domingo, 1.591.

Es decir, que de 24 estaciones que se han montado en la provincia de Toledo en tiempos del Sr. Mansi, *sólo dos* lo han sido en pueblos de más de 5.000 almas y siete en cabeza de partido judicial. Mientras tanto, las 128 cabezas de partido y los 70 pueblos de más de 5.000 habitantes que hoy existen sin estación telegráfica ó telefónica, que esperen á que el señor Mansi acabe de poner las comunicaciones eléctricas en todas las aldeas y casaríos de la provincia de Toledo.

EL GUADALETE. 1 junio 1890

Toros

Madrid 18, 9-25 m.

En la plaza de Noves (Toledo) se ha celebrado la corrida de novillos anunciada, encontrándose la plaza muy concurrida.

Gavira estuvo bien en los tres primeros y mediano en el último.

En banderillas se distinguieron el *Sordo*, Vega y el *Comerciante*.

A Gavira le regalaron un alfiler de corbata.

EL NOTICIERO SEVILLANO. 18 septiembre 1896

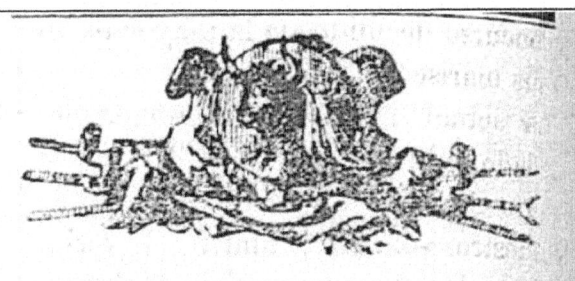

SECCION TAURINA

* *

Hasta la fecha tiene contratadas Francisco Piñero Gavira las corridas siguientes: seis en Madrid, tres en Palma de Mayorca, dos en Talavera de la Reina, y una en cada una de las plazas de Toledo, Burgos, San Martín, Noves, Játiva, Logroño, Calahorra y Trujillo.

*
* *

EL COMERCIO DE CORDOBA. 12 febrero 1897

SUCESOS. Crimen en Novés.–

Ante el Tribunal del Jurado y en la Audiencia de Toledo se ha visto estos días una causa procedente del pueblo de Novés.

De los autos resulta que el procesado, llamado Matilde Sánchez, estaba resentido desde hace mucho tiempo con su hermano Cristóbal, el cual, por esta razón, se marchó á vivir al pueblo de Almorox. Su hermano, el hoy procesado, le llamó en distintas ocasiones y, por fin, consiguió que fuera á Novés, donde vivía Matilde. El 2 de Febrero del año pasado fueron juntos Fuensalida para ver unas maderas que habían comprado, y el mismo día regresaron á Noves. Al siguiente decidió Cristóbal regresar á su pueblo, y Matilde le dijo que lo iba á acompañar con objeto de matar un conejo en el camino. Para hacer tan sencilla caza cogió una escopeta cargada con bala y además un puñal que ocultó. Los dos hermanos salieron juntos, y ya en el camino, Matilde dejó quo su hermano se adelantara, y poco después le dio por la espalda una puñalada que le hirió gravemente. No satisfecho con esto, disparó el arma y la destrozó la cabeza. Entonces Cristóbal cayó muerto. Enseguida el fratricida roció el cadáver de su hermano con un líquido inflamable, que se supone sería aguardiente, y le prendió fuego. El fiscal calificó el hecho de asesinato y pidió para el procesado la pena de muerte, petición con la que se mostraron conformes en su veredicto los jueces populares. En su consecuencia, el Tribunal de derecho ha dictado sentencia condenando á muerte al reo, que al oír el fallo fue acometido de un síncope.

EL PAÍS. 8 marzo 1897

CORRESPONDENCIA DE ESPAÑA.
18 septiembre de 1897

El nombre del diestro que toreaba en Novés, *Minuto,* me hizo suponer que se trataba de un torero desconocido de segunda fila; sin embargo, era todo lo contrario.

Enrique Vargas González era conocido con el apodo de *Minuto* debido a su pequeño tamaño, pero fue un torero polémico que comenzó a los quince años de edad. Tomó la alternativa en Sevilla en 1890 y la confirmó en Madrid en 1892. Compartió carteles con primeras figuras, toreando junto a Joselito, El Gallo, Belmonte y Lagartijo, entre otros.

EL ENANO (suplemento).
30 septiembre1897

MERCADOS. – Novés (Toledo).— Se está desgranando. Cebada, habas, yeros y algarrobas, dando un rendimiento muy regular; precios no puedo fijar; no se han hecho transacciones; se está dando principio a segar los trigos que el tiempo revuelto y de tan fuertes calores han arrebatado; á pesar de este contratiempo, se espera una gran cosecha; los garbanzos también han padecido mucho con estas calores que quedará en una media cosecha. Viñas y olivos regular; los árboles frutales rochándose; las lanas desean vender 200 arrobas. Los precios corrientes son en granos añejos: Trigo, 98 libras fanega 14,30 pesetas, Cebada, 7,5 libras fanega, 6 pesetas. Semilla no hay. Vino, arroba de 16 litros, 2,62 pesetas. Aceite, arroba de 25 litros, 11 pesetas. Hay algunas existencias en trigo, cebada y aceite y vinos en cantidad; no hay en nada transacciones.— P. G.

EL RESUMEN (Madrid).
24 junio 1897

*** **Novés** (Toledo) 24.—Se ha recogido la cebada y semillas, y la recolección del trigo va mediana, dando todo ello un regular rendimiento y superiores clases.

El viñedo se sostiene bueno, pero del olivo se ha caído bastante fruto, por cuya razón, la cosecha será menor de lo que se esperaba.

El aceite ha tenido una alza de 2 pesetas en arroba, no queriéndose vender las pocas existencias que quedan; no pasarán de 200 arrobas.

Los precios de los cereales se sostienen, habiéndose vendido estos días de 200 á 300 fanegas de trigo, cebada y algarrobas, y otras tantas de garbanzos.

Los precios á que hemos cotizado en el mercado celebrado hoy son los siguientes: Trigo, á 11,25 pesetas las 93 libras; cebada, á 5; algarrobas á 7,50; garbanzos pequeños, á 5.25; ídem regulares, de 6 á 7; ídem gordos, á 9; vino tinto, de 2,50 á 2,75 pesetas los 16 litros; y aguardiente, á 11; aceite, á 12 pesetas la arroba.—*El Corresponsal.*

CRÓNICA DE VINO Y CEREALES.
28 julio 1897

Es digna de todo encomio la conducta observada por el reputado abogado de esta capital y conocido escritor D. Federico Lafuente, el cual practica vivas gestiones para ver de conseguir el indulto del reo de Novés, Matilde Sánchez Carrasco, condenado á la última pena por la Audiencia de Toledo, y cuya ejecución debe verificarse en breve en Torrijos.

Conocido es de todos nuestros lectores el repugnante crimen origen de esta causa, á pesar de lo cual provincia entera elevará su voz en demanda de la vida de ese desgraciado, que, al decir de su ilustre defensor, es más bien un epiléptico que un criminal.

La Campana Gorda, por sí y á nombre de todos sus favorecedores, ruega á la egregia dama que rige los destinos de nuestra nación, use de su regia prerrogativa y evite á esta provincia el doloroso espectáculo de presenciar la ejecución de una pena que hace tiempo debiera haberse abolido de los Códigos españoles.

LA CAMPANA GORDA.
23 octubre 1897

SIGLO XX

INTRODUCCIÓN

A principios de este siglo los periódicos consiguen un considerable aumento en la impresión del número de ejemplares gracias al uso de rotativas que permiten imprimir un elevado número de ellos y por ende se incrementa el número de lectores aumentando así el consumo de prensa diaria debido también al abaratamiento de los diarios, ya que en el siglo anterior su uso estaba casi reservado a las clases altas por su elevado coste.

El periodismo se dio cuenta muy pronto del poder de influencia que ejercía en los lectores, sobre todo en temas políticos y sociales de tal manera que pasó a ser considerado –aún se considera– el cuarto poder.

A los poderes tradicionales conocidos, legislativo, ejecutivo y judicial, se sumó el de la prensa, que no se conformó simplemente con ofrecer y comentar noticias, sino que también emitía sus propias opiniones y aunque se supone que debían ser neutrales e independientes dada la también supuesta ética de la profesión periodística sobre el respeto y fidelidad a la verdad de la información, no dejaban, ni han dejado de ser utilizadas con otros fines e intereses.

Es algo casi inevitable y sucede así cuando la objetividad de la noticia va acompañada de la subjetividad de la opinión, de tal manera que en más de una ocasión la información se adultera y pasa a convertirse en mera propaganda.

A mediados de este siglo comienza el auge de otros medios de comunicación no escritos –la radio y la televisión– que, debido sobre todo a la rapidez de transmisión y a la capacidad de llegar a todos los hogares en un tiempo mínimo y casi al instante de producirse la noticia, multiplica el potencial de su influencia sobre los ciudadanos.

La manipulación y el uso partidista en el control de los medios audiovisuales no se hizo esperar por parte de unos y otros, de todos en general sin excepción, convirtiendo la mayor parte de las informaciones en pura propaganda.

Con la aparición de internet a finales del siglo XX, su posterior desarrollo en el siglo XXI y, sobre todo, y principalmente con el auge y proliferación de las llamadas redes sociales, los nuevos medios de comunicación digitales dominan y manejan las informaciones a su antojo convirtiéndose en gran medida en una fábrica de bulos, mentiras y noticias falsas de las que todos somos víctimas.

A pesar de todo aún puede considerarse a la prensa escrita del siglo XX una útil y eficaz fuente de información gracias a la cual se tiene una visión, o al menos una idea más o menos real de la sociedad de nuestros padres y abuelos. Aunque sinceramente tengo mis dudas sobre todo a partir del último tercio del siglo, dudas que aumentan aún más en los tiempos actuales, porque creo que dicha utilidad prácticamente ha desaparecido porque la opinión predomina sobre la información a lo que hay que añadir la hegemonía de las redes sociales, que con el anonimato que campea por ellas, a sus anchas y sin control, da alas a la manipulación informativa.

Las noticias seleccionadas de esta época lo han sido no solo por ser curiosas, sino también por su evidente interés costumbrista y antropológico para Novés como pueblo. Se han agrupado en los siguientes bloques: Cultura y ocio; Sociedad; Semana Santa; Toros y deportes; Sucesos; y para terminar dos interesantes artículos: Un pleito ruidoso y Regadíos en Novés: un sueño imposible.

CULTURA Y OCIO

A pesar de ser una publicación del siglo XVIII creo que quizás la mejor forma de comenzar esta sección dedicada a la cultura es haciendo referencia a un ilustre novesano que alcanzó fama de literato y de santidad.

DIARIO
DE LOS LITERATOS
DE ESPAÑA.
Enero de 1737.

ARTICULO I.
PHILOSOFIA RACIONAL , NATURAL,
Metaphyfica , y Moral , en 4. *tomos en octavo : su*
Autor el Doctor Juan Bautifta Berni , Presbytero,
Colegial que fue en el Mayor de Santo Thomàs de

PORTADA

316   *Diario de los Literatos*
eminentes en virtud , y letras, que ha
producido à Efpaña. *Cap.* 20. Con cuyo
motivo fe dilata con alguna extenfion en
referir las vidas exemplares de los VV.
Fr. Phelipe Truxillo, natural de Colme-
nar Viejo , que murió en Toledo à 26.
de Mayo de 1696. *Cap.* 21. *y* 22. Y Fr.
Francifco Faxardo , natural del Lugar
de Novès , que falleció en Madrid à 26.
de Agofto de 1726. *Defde el cap.* 23.
hafta el 35.

Pág. 316

En la regeneración nacional manifiestamente toman parte los elementos intelectuales, y ha sido para nosotros agradable sorpresa recibir el primer número de *Los Nuevos Tiempos*, revista política, literaria y científica, que en Novés, pueblo de esta provincia, escribe D. Pedro de Orúe y Hernández, ilustrado Médico.

Es una factura altamente estimable la de la Revista, que no necesita otra corrección que la de hacer observar, que el informante, habla en castellano y escribe en extranjero, porque cosas triviales como el Rey, la Reina y la Monarquía no merecen la pena de detener los altos vuelos de su imaginación.

Estamos muy complacidos cambiando nuestra publicación con *Los Nuevos Tiempos*, felicitando al redactor único por la brillantez de su estilo y la altura de sus conceptos.

LA IDEA. Junio 1902

Hemos recibido el primer número de *Nuevos Tiempos*, ilustrada revista de política, literatura y ciencias, escrita por D. Pedro de Orúe, en Novés.

Elogiamos tan bien escrita publicación, con la que gustosos establecemos el cambio.

LA OPINIÓN. Julio 1902

Nos dicen de Novés:

«Muchos plácemes y aplausos han obtenido en la noche del 27 los niños de esta localidad que tomaron parte en la representación del drama bíblico *El nacimiento del Mesías*, bajo la dirección de D. Domingo Guijarro. Distinguióse entre todos la niña Sara Castaño; pues á más de decir su papel con perfección admirable, tuvo ocasión de lucir su pura y delicada voz en las estrofas que cantó.

También son dignas de elogio Angeles Hernández, que hizo muy bien el papel de la Virgen, Alfonsa García, Guadalupe Bolonio y Esperanza Gómez; como también Victoriano Muñoz, Demetrio Yepes, Segundo Gómez Caro, que estuvo muy gracioso, Melitón Lirola, Francisco Martín, Eugenio Rodríguez, Aquilino Recio, y en general, todos contribuyeron á dar animación al conjunto.

Las decoraciones, pintadas al efecto por el señor Guijarro, gustaron muchísimo.

¡¡Enhorabuena á todos!!»

EL HERALDO TOLEDANO. 31 diciembre 1908

LA BANDA DE MÚSICA TEMBLEÑA. 1906–1921. –
Desde principios del siglo XIX los distintos grupos de música de viento que se fueron constituyendo en El Tiemblo dependieron temporalmente del Ayuntamiento en función de los acuerdos tomados por las corporaciones de turno. La primera organización de la Banda de Música oficialmente reconocida data del 28 de enero de 1906 nombrándose como profesor-director a D. José del Álamo Yepes, oriundo de Novés (Toledo).

La banda de música ensayaba en la calle de los Claveles y contaba con 34 miembros, número que disminuye a partir de 1920 debido al ingreso de algunos componentes en bandas de música militares.

En 1921, una vez cumplido el contrato, D. José del Álamo cesó como director, como consecuencia se produjo la desaparición temporal de la Banda de Música tembleña.

El 29 de octubre de 1922 la banda regresa a la actividad con D. Manuel del Álamo Gómez como director, hijo de su antecesor. Pese a un receso provisional en 1926, D. Manuel sería director de la banda de música hasta 1932 y compondría dos obras de inspiración tembleña: «Viva el Tiemblo» y «A la Juventud tembleña».

www.bandademusicaeltiemblo.com

Concurso de rondallas en Novés.

Con cierto retraso, hemos recibido algunas noticias-de un concurso de rondallas verificado hace poco en el pueblo de Novés.

El citado concurso fué convocado por el Ayuntamiento de dicha villa.

Concurrieron *El Fígaro Torreño*, de Torre de Esteban Hambrán, y otra rondalla de Santa Cruz del Retamar.

El acto se verificó en un teatrito de Novés.

Asistieron las Autoridades y numeroso público.

La obra de concurso era la *Siciliana* de *Caballería rusticana*, que fué interpretada á las mil maravillas por *El Fígaro Torreño*, bajo la dirección del admirable guitarrista toledano D. Casimiro Fernández Cruz.

El Jurado, que le presidía el señor Blanco, concedió el único premio, consistente en la cantidad de 100 pesetas, á la rondalla de Torre de Esteban Hambrán.

Nos complacemos en publicar estos actos, que honran mucho á los mencionados pueblos y debieran ser imitados por los demás de la provincia.

EL ECO TOLEDANO.
15 enero 1911

Novés

Función benéfica.

Con extraordinario éxito, se ha celebrado la velada organizada por el
«Grupo artístico» de Novés, á beneficio
de la «Cruz Roja española», represen-
tándose el sainete lírico en tres cuadros «Los pícaros celos», distinguién-
dose las señoritas Eusebia R. Fuentes
y Esperanza Caro y el joven Manuel
Gascón, que además de hacer admirablemente el papel de «Eloy», recitó el
monólogo «Alerta», el cual le valió una
infinidad de aplausos.

La señorita Caro cantó varios cu-
plés, siendo también muy aplaudida.

Las demás artistas estuvieron superiores.

Enhorabuena á todos.—O.

EL CASTELLANO.
06 julio 1921

Novés.

Función teatral.

Con gran éxito se ha celebrado el día 15 del actual la velada organizada por el Ayuntamiento á beneficio de los soldados que pelean en Africa en defensa de la Patria. Representáronse «Las Corsarias», zarzuela de Paradas y Jiménez; «El chico de la portera», de Angel Camaño, y el drama de Manuel Gascón, «El niño desconocido». Este drama, una vez más ha sido ovacionado, pues aunque cortito, resulta muy bonito; distinguiéronse en él las señoritas Sahara Hernández, la cual representó el papel de niño admirablemente, siendo muy aplaudida; y Sagrario Benayas, Isidora Fernández y Eustaquia Benayas, y los Sres. Manuel Gascón y Claudio Alonso.

«Las Corsarias» resultaron muy bien, sobresaliendo Ignacio Bullido, Sagrario Benayas, María Soriano y Eusebia Rodríguez.

En esta obra, y al llegar al número de la bandera, el público dió grandes vivas á España y al Ejército.

EL CASTELLANO.
18 agosto 1921

NOVES

Fiestas religiosas
y profanas

Como en años anteriores, el día 29 del corriente la Hermandad de los Sagrados Corazones celebró su fiesta anual con brillantez inusitada, acercándose con este motivo á tomar la santa comunión en la celebración de la misa, celebrada con toda pompa, todas las hermanas que componen dicha Hermandad, y haciendo uso de la palabra en dicho acto nuestro muy culto párroco, que con gran elocuencia cantó las excelencias del Sagrado Corazón.

Por la tarde, se celebró la procesión, sacando las imágenes de los Corazones y de San Pedro Apóstol, recorriendo las principales calles y resultando el acto brillantísimo, tanto por la concurrencia como por la organización, mereciendo por todo ello nuestra más cordial enhorabuena, tanto el señor párroco como su digna presidenta D.ª Juana Bolonio.

Con este motivo, y para solemnizar aún más los cultos católicos celebrados durante el día, un grupo de distinguidos jóvenes de esta localidad organizaron una función teatral, la cual celebraron en el nuevo teatro de D. Segundo Gómez Caro, poniendo en escena con gran brillantez y acierto el hermoso drama «Marianela», mereciendo el aplauso unánime de todo el auditorio que ocupaba el amplio local, tanto por su presentación en escena como por su arte delicado.

Merecen especial mención por su trabajo la joven Antonia Farelo, que hizo una protagonista admirable; María López, que en su papel de «Florentina» estuvo admirable; asimismo, las niñas Petra Farelo y Conchita López, que estuvieron monísimas en sus respectivos papeles; de las varones estuvo á la altura de los primeros a-tores D. Segundo Gómez Caro, que representó un ciego á la perfección. Muy bien y muy afortunados Avidiano Sánchez, en su papel de «don Teodoro»; Juan García, en el de «don Francisco»; Jacinto Rodríguez, en el de «don Carlos» y de «Jon Manuel», y colosal el niño Félix Alonso, en su papel de «Centeno». Asimismo, merecieron una gran ovación las jóvenes pianistas señoritas Sara Castaño y Prudencia Alonso, las cuales, en los entreactos, cautivaron al auditorio tocando escogidas y variadísimas composiciones musicales.—ROGELIO ALONSO.

EL CASTELLANO. 04 julio 1922

72

PUBLICIDAD

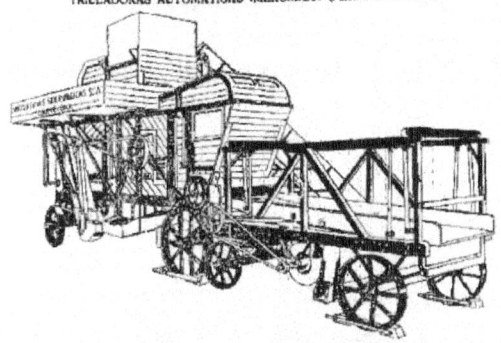
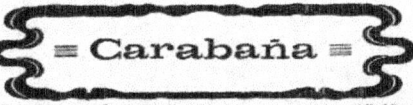 

PUBLICIDAD

Rodrígues.

Los actores Sres. C⋅staño, Maluenda y Farelo nos demostraron todo lo que valen en las tablas, no olvidando al niño Pepito Soriano, que en su papel de «Pach'n» estuvo admirable.

Todos los demás artistas hicieron sus respectivos papeles á la perfección.

El Sr. Tenorio se portó bien en el pi⋅no, y el Sr. Bullido resultó un verdadero director de escena.

A petición de varias familias de esta población que no pudieron asistir al espectáculo por haberse agotado las localidades, el día 26, festividad de Santa Ana, se repitió la función á la misma hora, y además del programa de la noche anterior, varias señoritas de la Compañía cantaron escogidos coplets, entre ellos «El Carro del Sol».

—

En otro salón y también con numeroso público, representó otra Compañía de aficionados la zarzuela «El Puñao de Rosas», y el día 26 el drama titulado «Marianela», desempeñando los papeles tan á la perfección que cualquiera los hubiera tomado por hábiles artistas en el teatro; pues en «El Puñao de Rosas» la señorita Sara Castaño, en su papel de «Rosario», y Francisco Martín en el de «Tarugo», estuvieron insuperables, si bien que Antonia Farelo, en el papel de «Carmen», y Petra Gómez, en el de «Gitana», así como Segundo Gómez Caro, en de «Pepe», Abiliano Merchán, en el de «D. Juan», Jacinto Rodríguez, en el «José Antonio», y Juan García, en el de «Pepe», quedaron igualmente lucidísimos.

En «Marianela» estuvieron superiores Antonia Farelo, «Marianela», Segundo Gómez, «El Ciego», y Concha López, «Zelipín»; de empeñando bien sus papeles. Félix Alonso y demás jóves nombrados anteriormente. Empero la que cautivó la atenció del público con su gracia excelente y melodiosa voz, fué la señorita Sara Castaño con sus compañeras Antonia Farelo y Petra Gómez en sus cantos de la zarzuela y couplés después de las obras. La dirección musical, á cargo de D. Luis Arroba, muy excelente.

A la terminación el joven toledano, Vicente Mena, recitó un monólogo admirablemente.

EL CASTELLANO. 29 julio 1922

De Novés

Velada teatral.—Visita ilustre.—Inspección del nuevo local Escuela. — Precios del mercado

Velada teatral

Vaya mi aplauso, caluroso y sincero, para esos jóvenes actores y literatos de la buena sociedad novesana, que una vez más han demostrado cuanto pueden y valen, con su arte y cultura que a granel han derrochado en su bonito y amplio teatro «Reina Victoria».

En la noche del domingo día 14, bajo la dirección del joven actor don Juan P. Castaño, y con una entrada que desbordaba los límites del bonito coliseo, dió comienzo el drama del inmortal Zorrilla «Don Juan Tenorio», en el que desfilaron los actores con energía y naturalidad.

Se haría interminable esta reseña si hubiera de dar relación de todos los jóvenes artistas como ellos lo merecen, pero faltando tiempo y espacio, sólo me limito a decir algo de los principales papeles desempeñados.

Don Isaac Alonso, en su papel de «Don Juan», revelóse como gran artista.

Conchita López, cumplió en el de «Doña Inés» admirablemente, arrancando del público numerosos aplausos, y Don Fernando Bolo-

EL CASTELLANO. 19 noviembre 1926

PREMIO DE POESIA "INDICE" 1951

El Jurado de la Revista «Indice», de Arte y Letras, compuesto por doña Carmen Conde, don Santiago Magariños, don Rafael Zamora, don Carlos Bousoño y don Juan Fernández Figueroa, Director de la Revista, ha concedido por unanimidad, el «Premio de Poesía «Indice» 1951, al poema de Leopoldo de Luis, «EL ARBOL», mencionando además los titulados «La Amistad», «Balada de la lluvia», «A las cigüeñas de Plasencia» «Niebla de lo infalible», de los que son autores Vicente Carrasco, Eloy Benito Ruano, Justo Guedeja Marrón y Ramón de García Sol, respectivamente.

Tanto el poema premiado como los citados aparecerán en la revista en este número de noviembre y sucesi-

DIARIO PALENTINO. Noviembre 1951

Los LIBROS

"LABIOS Y SANDALO", por Justo Guedeja Marrón

Ediciones Ensayos, en su Colección de años y leguas, volumen VI, ha publicado un librito de escogidos versos, de los que es autor el joven y ya destacado poeta Justo Guedeja Marrón, actual juez comarcal de Torrijos (Toledo).

El libro, pulcramente editado, lleva el título de "Labios y sándalo", y ha tenido un buen éxito de librería, y nos com-

EL ADELANTO. Agosto 1952

Casi un centenar de trabajos concurrió al certamen "Poeta de la Primavera" 1956 convocado por la Mesa de Burgos en Madrid

La fiesta celebrada con motivo de la entrega de premios a los poetas galardonados resultó brillantísima

Seguidamente, el señor Achiaga dio lectura al acta donde se refleja el fallo del concurso, por un jurado constituido por los distinguidos poetas don Federico Luis Sainz de Robles, don Conrado Blanco. y don Federico Muelas, quienes, por unanimidad habían otorgado los siguientes premios:

1.º, don Federico Salvador Puy, de Burgos, lema "Espolón"; 2.º, don Justo Guedeja Marrón, de Torrijos, "Castellana"; 3.º, don Amador Porres. de Castrojeriz, "Siempre Castilla"; 4.º, don Manuel Mena Sanz, de Burgos, "Gesta"; 5.º, don Lorenzo Guardiola Tomás. de Jumilla, "Entre todos..."; 6.º, don Eusterio B. Alario, de Palencia. "Amanecer";

DIARIO DE BURGOS.
Junio 1956

Sonseca (Toledo)

■ Dentro de la *II Muestra de Teatro* que organiza el *Centro Cultural* «Revuelo», en el *Cine Cervantes*, de *Sonseca*, con la colaboración de la *Consejería de Educación y Cultura de la Junta de Comunidades de Castilla-La Mancha* y el *Ayuntamiento de Sonseca*, el día 5 de julio se pondrá en escena «Anillos para una dama», de *Antonio Gala*, por el grupo Pirueta del C. C. «Revuelo». Con anterioridad, en la Muestra han podido verse «Pic Nic», de *Fernando Arrabal*, y «El viejo celoso», de *Cervantes*, por el Grupo Fuentevieja, de *Nambroca;* «Agnus Dei», de *John Pielmeier*, a cargo del grupo Candilejas, de *Villacañas;* «English Spoken», de *Lauro Olmo*, por el grupo El Porrón, de *Noves*, y "Por la riqueza al poder", de *Ismael Sánchez*, representada por el grupo El Candil, de *Talavera*.

MINISTERIO DE CULTURA.
Información cultural, julio de 1985

I FESTIVAL DE TEATRO AFICIONADO JUAN PADILLA. NOVÉS (Toledo)

Del 1 al 9 de julio.
Organiza: Asociación Recreativo-Cultural El Porrón.

PROGRAMA

Comediantes del Campo (Puente del Arzobispo, Toledo): *Vamos a contar mentiras.*
Bufón (Sonseca, Toledo): *Obras íntimas del paraíso.*
Azabache (Navalcarnero, Madrid): *Trilogía de lo invisible.*
Zagro (Orgaz, Toledo): *Para ti es el mundo.*
Candilejas (Villacañas, Toledo).

ANUARIO TEATRAL.
Año1988

79

Hoy el grupo "Albacará" de Toledo en el III Festival de Música Popular

Dentro del III Festival de Música Popular y Tradicional organizado por el Ayuntamiento de Albacete y con la colaboración de la Diputación Provincial, hoy día 26 el grupo folk "Albacará" dará un recital.

Este grupo nació en el agosto de 1982 en la localidad toledana de Novés. Componen el grupo nueve jóvenes de ambos sexos y su repertorio está formado por canciones y melodías de la región castellano-manchega.

LA TRIBUNA DE ALBACETE.
26 de julio de 1986

Grupo de música popular Albacara de Novés (Toledo).

Albacara, el folk toledano

Albacara lo forman un grupo de gente al que le apasiona la música folk y que gusta de cantar las canciones de su tierra. Ellos son del toledano pueblo de **Novés** y se juntaron para divertirse cantando canciones como las de aquel Nuevo Mester de Juglaría, pero la cosa fue a más y se dijeron, allá por el año 1982, «si cantamos en familia, ¿por qué no lo podemos hacer también en público?» Desde entonces hasta hoy el camino recorrido es amplio y variado. Han pasado desde tener la sola voz como instrumento a ser unos perfeccionistas, de tal manera que, según nos cuentan, prácticamente el dinero que han ga-

BISAGRA. 9 octubre 1989

80

PUBLICIDAD

PUBLICIDAD

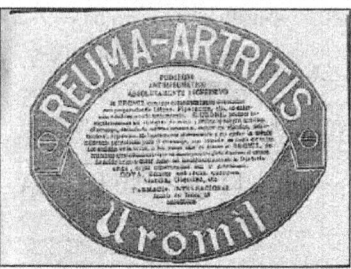

SOCIEDAD

Novés Lugar de 2.500 habitantes de H. y 2.573 de D., situado á 7 kilómetros de Torrijos. Carretera á la cabeza del partido.

Elemento oficial

Alcalde.—D. Nicolás Caro.

Secretario. — DON CARLOS BOLO-NIO, representante corresponsal del *Anuario Riera* en esta población.

Juez municipal-Don Francisco Castaño.

Fiscal.—D. Aquilino Fardo.

Secretario.—D. Carlos Bolonio.

Erónomo.—D. Elías López.

Aguardientes (Fábrica de)

Alonso y Buitich (Román).

Aceite (Molinos de)

Alamo (Jerónimo).

Bemayas (Alejandro).

Bemayas (Faustino).

Bolonio (Carlos).

Caro (José).

Caro (Mariano).

Caro (Nicolás).

Castaño (Federico).

Gaitán (Vicente).

Gil de Rozas (Mariano).

Hernández (Andrés).

López (Gregorio).

Maroto (Manuel).

Marrón (Justo).

Bayetas (Fábrica)

Gómez (Pedro).

Comestibles

Agudo (Enrique).

Alamo (Julián).

Blanco (Crisanto).

Carasa (Julián).

Carasa (Mariano).

Paisán (Estanislao).

Lafuente (Pedro).

Martínez (Epifanio).

Pérez (Hilario).

Rodríguez (Baldomero).

Confiterías

Borrio (Angel).

Marrón (Justo).

Notario (José M.ª)

Esc. municipales

PARA NIÑAS

Colomita (María).

PARA NIÑOS

Puebla Díaz (Juan).

Estancos

Notario (José M.ª).

Blanco (Crisanto).

Farmacia

Alonso (Vicente).

Fieltros para sombreros (Fábrica)

Gómez (Eustaquio).

Ganaderos

Alamo (Jerónimo del).

Caro (Mariano).

Mures (Francisco).

Pérez (Vicente).

Guarnicionero

Rubaícaba (León).

Hojalatería

Martín (Epifanio).

Médicos

Castro (Ramón).

Orue (Pedro de).

Posadas

Fareto (Aquilino).

Lizador (Francisco).

Sastrería

Hernández (Alberto).

Tabernas

Blanco (Crisanto).

Bolonio (Bartolomé).

Burgos (Francisco).

Burgos (Santos).

Carasa (Julián).

Carasa (Mariano).

Farano (Estanislao).

Martín (Epifanio).

Pérez (Hilario).

Rodríguez (Baldomero).

Rodríguez (Telesf.º).

Tejidos (Comercios)

Alonso (Hilario).

Alonso (Mariano).

Lafuente (Pedro).

Tinajas (Fábricas)

Caro (Nicolás).

López (Daniel).

Tintorería

Gómez (Pedro).

Veterinarios

Bolonio (Baltasar).

Rodríguez (Antonio).

Rodríguez (Juan).

Vinos (Cosecheros más importantes)

Alamo (Jerónimo del).

Alamo (Julián del).

Alamo (Román del).

Alonso (Mariano).

Bemayas (Alejandro).

Burgos (Andrés).

Caro (Laureano).

Caro (Mariano).

Caro (Nicolás).

Caro (Santos).

Castaño (Francisco).

Gaitán (Vicente).

Hernández (Andrés).

López (Daniel).

Marrón (Justo).

Muñoz (Marcelino).

Pérez (José).

Rodríguez (Antonio).

Sánchez (Raimunda).

Torres (Angel).

Zapaterías

López (Angel).

Ortega (Patrocinio).

Pérez (José).

Recio (Cándido).

Recio (Gaspar).

Rodríguez (Pablo).

Propietarios (los más importantes)

Alamo (Jerónimo del).

Bemayas (Alejandro).

Bemayas (Faustino).

Caro (José).

Caro (Mariano).

Caro (Nicolás).

Caro (Santos).

Castaño (Francisco).

Gil (Mariano).

Marqués (Hdos. de).

ANUARIO DE INDUSTRIA Y COMERCIO RIERA. 1901

Aunque en este recorte de prensa solo se recogen las transacciones ganaderas se puede deducir que la actividad económica desarrollada durante la celebración de la Feria de Novés era bastante importante, de ahí el prestigio que alcanzaba nuestro pueblo en estas fechas.

los términos municipales donde la plaga hizo la aovación, se están practicando los reconocimientos y acotaciones de la superficie infesta de canuto.

Mercados.—Están paralizados éstos á causa del insistente temporal de lluvias de toda la provincia.

El resultado de la feria de Novés, celebrada durante los días 1, 2 y 3 del actual, fué el siguiente en lo que se refiere á concurrencia de cabezas de ganado de todas clases:

CLASE DE GANADOS	Número de cabezas.	Precio. Ptas. Cts.
Mular cerril........	180	1.100
Idem domado.......	200	400
Caballar......... .	35	650
Asnal.............	450	160
Vacuno...........	300	360
Lanar.............	1.500	17,50
Cabrio............	150	50
Cerda.............	800	27,50@

Las transacciones fueron numerosas, especialmente en los ganados mular y de cerda.

Precios de los productos.—Desde la anterior semana, apenas si han sufrido variación los precios de los diferentes productos agrícolas.

LA CAMPANA GORDA. 17 octubre 1907

BODA RUMBOSA

Hánse desposado en la Iglesia parroquia de Novés la distinguida señorita D.ª Francisca Caró y Caro, hija del rico hacendado D. Mariano, de aquel pueblo, y nuestro buen amigo D. Tomás Montalvo y Vélez, culto Abogado y estimado Diputado provincial, hijo del influyente político D. Julián.

Bendijo la unión de la simpática pareja, que fué apadrinada por los tíos carnales del novio D. Jose Vélez y D.ª Josefa Bajo, de Oropesa, nuestro estimado amigo D. Dámaso Montalvo, Capellán de los Excelentísimos Sres. Duques de Santoña.

La novia, elegantísima, vestía blanco traje de raso *liberty*, adornado de finos encajes y vaporosas gasas; un albo velo primorosamente prendido á artístico peinado por diadema de azahar, cubríale ligeramente el rostro y caíale, á manera de manto regio, sobre el esbelto talle; ostentaba en el pecho magnífica cruz de oro, otra de brillantes

EL CASTELLANO.
3 junio 1911

UNA EXCURSIÓN
Á NOVÉS

Novés pretérito y Novés presente.—Mejoras en la urbe.—Necesidad de construir el Colector.—La fábrica de harinas.—El arbolado. Lápida y calle al maestro señor Puebla.—Un propietario que practica el Evangelio.—Carne, vino y tabaco.—Fertilidad de las tierras novesanas.—La Virgen de la Monjia y Fuencisla.

Corría el año de 1875, y visité á Novés, situado en la planicie castellana, próximo al histórico Maqueda; ardía en feria y fiestas, feria por entonces famosa, donde todos los labradores de las provincias de Toledo, Madrid, Cáceres y Ávila, iban á hacer las compras de sus ganados en los primeros días Octubre, para utilizarlos en las sementeras. Novés era un pueblo muy pequeño; el arroyo que le atraviesa estaba poco encauzado, formándose lagunas que producían calenturas de aquellas que no cura el otoño, ni el demonio, según el dicho popular; Novés era poco higiénico entonces.

Hoy Novés es un pueblecito limpio, aseado, contenidas las márgenes del arroyo con muros de piedra, sin charcos, sin el paludismo de antaño, aunque susceptible de mejorar, abovedando con fábrica y piedra el arroyo, que quedaría convertido en hermosa vía ó calle, embellecida con miles de eucaliptos, plantados en las márgenes, que higienizarían la villa y daríaa aspecto versallesco al pueblecito castellano.

¿Hay quien haga esa obra, novesanos? Su nombre debía grabarse en lápida cincelada en oro, al lado de la que el maestro don Juan Puebla tiene en el salón del Consistorio, en premio de 41 años de servicios docentes al vecindario de la villa.

Novés se moderniza, Novés se enriquece, con la nueva fábrica de harinas que al norte del pueblo ha montado el simpático alcalde Emilio Torres; Emilio es un alcalde popular, llanó, afable, amigo del pueblo y de los pobres: está asociado á él un amigo.

La fábrica es de cilindros, de construcción nacional; moliendo diariamente mucho trigo de Fuensalida, Portillo, La Torre, Maqueda, Val de Santo Domingo, Santa Cruz y otros pueblos; es un bonito negocio, que aumentará la fortuna del Sr. Torres; está movida por gas pobre.

Simbolizan el adelanto de un pueblo, los árboles y las escuelas; esmaltan el término de Novés los árboles, las escuelas son modelo, y una lápida en el Consistorio, perpetúa el agradecimiento de los novesanos al maestro de tres generaciones Sr. Puebla (D. Juan).

Novés es rico, Novés es fértil, las tierras de Novés pueden mucho.¡Ciento setenta y cinco fanegas de cebada ha recolectado en tres fanegas de tierra el simpático Benito Carol.

Oí que otros propietarios hacen lo que D. Mariano, ejercen la caridad y el amor de hermanos con los pobres, entre ellos los señores Alonso, Marrón, Castaño y Bolonio.

Es patrona de Novés, la Virgen de la Monjía y Fuencisla, la adoran los novesanos, su fiesta es en Septiembre, y no hay moza que no recomiende á la Virgen sus amores, ni madre que no cuelgue su imágen al cuello de sus hijos.

En Castilla hay una villa,
una villa que es modelo,
hay que vivir en Novés,
y desde Novés, al Cielo.

GERONIMO SANMIGUEL

EL CASTELLANO.
30 septiembre 1918

LA CRUZ ROJA DE NOVES

El día 11 de Diciembre, en cumplimiento de lo dispuesto en los Estatutos y con motivo del primer aniversario de la fundación de la primera Comisión de la Cruz Roja y organizado por su presidente D. Leopoldo Gascón, se han celebrado grandes fiestas en la forma siguiente:

Día 10, á las tres de la tarde, y con gran concurrencia, solemnes vísperas en honor á su patrona la Inmaculada Concepción, y reparto de limosnas á los pobres de la población,

Día 11, á las nueve de la mañana, se verificó la bendición de la bandera, oficiando el ilustre párroco D. Pedro P. Frutos Escobar siendo padrinos la Srta. Sahara Castaño Caro y el acaudalado don Mariano Caro Castaño; un gentío inmenso llenaba el templo, asistiendo los niños y niñas de las Escuelas con sus maestros respectivos.

Terminada la misa solemne a las doce de la mañana, se trasladaron las dos Comisiones al salón principal del teatro antiguo, donde tenían preparado espléndido almuerzo de más de cien cubiertos, figurando entre los invitados el párroco que bendijo la mesa coadjutor D. Manuel Fernández y un soldado hijo de este pueblo que se encuentra en ésta procedente de Melilla, al que se socorre con todo esmero por la Cruz Roja, procurando aliviarle en su grave estado.

EL CASTELLANO. 21 diciembre 1921

NOVES

Un nuevo Colegio.

Con motivo de celebrar su fiesta onomástica la joven profesora de esta localidad, señorita Felicidad Castaño, se ha inaugurado el nuevo Colegio de primera enseñanza de niños, dando el título de Nuestra Señora de la Mongía.

A las once de la mañana concurrieron a dicho local las autoridades eclesiásticas y civiles; acto continuo, nuestro venerable párroco D. Pedro V. Frutos, revestido con los ornamentos sagrados y después de entonar el «veni creator», bendijo solemnemente el Colegio, y una vez terminada la bendición, el culto farma-

EL CASTELLANO.
12 marzo 1923

Fachada de la Fábrica de Novés.

Gran motor de la Fábrica de Novés.

EL CASTELLANO. 16 abril 1925

EN NOVES

En honor de Nuestra Señora de la Montaña se celebrarán en el pueblo de Novés (Toledo) las tradicionales ferias y fiestas durante los días 7, 8, 9 y 10 del próximo septiembre.

El programa es por extremo atrayente. Comprende, a más de las solemnes funciones religiosas, fuegos artificiales, bailes de sociedad y populares, procesión cívicoreligiosa, corridas de novillos, carreras de burros y en sacos, carreras de bicicletas y de cintas y otras diversiones.

Habrá además feria de ganados, con abundantes pastos y aguas gratuitas.

La Comisión de festejos, presidida por el alcalde del pueblo, D. Alfredo Agudo, trabaja sin tregua para dar a aquéllos la mayor brillantez posible.

EL IBERAL. 28 agosto 1925

Aspecto de la plaza principal de Navalucillos durante la misa de campaña, verificada con motivo de la bendición de la bandera.

Nota.– A pesar de que en el pie de página se lee Navalucillos no nos cabe ninguna duda que la foto corresponde la plaza y al ayuntamiento de Novés.

Bendición y entrega de la bandera del Somatén de Novés (Toledo).

El día 12 del mes de abril se verificó en Novés la bendición y entrega de la bandera del Somatén, el cual dió plena prueba de su alto espíritu patriótico, y, juntamente con el Somatén, todo el pueblo de Novés participó y colaboró en tan solemne fiesta.

Asistieron al acto el Comandante Sr. Santamaría, en representación del Excmo. Sr. Gobernador militar de Toledo; el Capitán auxiliar, el Cabo de partido y el de distrito. También acudieron representaciones de Somatenes de otros distritos limítrofes, que fueron invitados previamente. Entre unos y otros se entabló el más cordial y afectuoso compañerismo.

Fué madrina de la bandera la señorita Felicidad Castaños.

A las once de la mañana se dijo una misa en la iglesia parroquial, y, una vez terminada, todos los concurrentes se dirigieron a la plaza del Duque, en donde tiene su casa la madrina. La familia de la señorita Castaños había levantado ante la casa un artístico altar, adornado con flores naturales y dispuesto con exquisito gusto, en donde se celebró la solemne ceremonia de bendecir la enseña del Somatén. El Párroco, luego de haber cumplido con su sagrado ministerio, pronunció un elocuente discurso, haciendo gala de su facilidad de oratoria. Relató las glorias de la bandera de España, repasando la historia nacional.

Terminado su discurso, el Párroco hizo entrega de la bandera a la madrina, la cual, visiblemente emocionada, dirigió la palabra a los somatenes en la siguiente forma:

EL SOMATEN. Nº 58. Agosto de 1925 (pág. 19)

La señorita Felicidad Castaños, madrina de la bandera del Somatén de Novés.

EL SOMATÉN.
Nº 58, agosto de 1925. (pág. 20)

Desde Novés

Grandioso y entusiasta recibimiento ha sido el que este sencillo y laborioso pueblo hizo el día 23 a las fuerzas de Húsares de la Princesa, con motivo de las prácticas que dicho regimiento, 19.º de Caballería, está realizando por esta región.

Desde el día anterior se tenía noticia de que dicha fuerza iba a pernoctar en este pueblo, y el activo y celoso alcalde don Alfredo Agudo y Bullido organizó el alojamiento sin omitir detalle; este fué tan bien preparado, que tanto los distinguidos jefes y oficiales, como las clases y soldados, quedaron gratamente sorprendidos, ya que llegaron a las diez de la mañana y diez minutos después estaban todos distribuidos cómodamente, mereciendo dicho señor alcalde las más sinceras y calurosas felicitaciones de dichos militares.

EL CASTELLANO. 28 septiembre 1925

DE NOVES

Reformas locales, lavadero higiénico, plantación de árboles, clases nocturnas, conferencias culturales, cotización de granos y líquidos

Nuestro dignísimo y culto alcalde don Alfredo Agudo, continúa trabajando sin descansar en pro de las grandes reformas de esta localidad.

Entre sus varios proyectos figura la reforma de un lavadero existente extramuros y en condiciones poco higiénicas para la salud pública; dicho proyecto consistirá en el ensanche y completa separación de aguas sucias, y dando a un mismo tiempo circulación a éstas para evitar el peligro de la putrefacción de las mismas.

Con el fin de plantar gran cantidad de árboles, tanto en el pueblo como en sus paseos públicos, nuestro alcalde se ha dirigido al señor director del Instituto Sericícola de San Bernardo, de Toledo, solicitando detalles para la concesión de moreras, que se plantarán en toda la calle de la Amargura y en sitios adecuados de la población; asimismo se ha pedido también, a la Jefatura de Obras Públicas, otra cantidad de árboles para las carreteras.

EL CASTELLANO. 30 noviembre 1925

Reformas locales

Muy en breve se inaugurará la fuente llamada «El Canal», que está situada en el centro de esta población, y que aunque existía anteriormente, tuvo que dejar de utilizarse por la imposibilidad de sus aguas, que tanto perjudicaban a la salud pública, habiendo colocado una tubería de hierro acondicionada, que evita por completo toda contaminación, por lo que el vecindario se muestra muy satisfecho, y aplaude las iniciativas de este Municipio, que con tanto acierto viene dirigiendo el alcalde señor Agudo.

No debo omitir, asimismo, la satisfacción de los vecinos, por el alumbrado de fúido eléctrico que facilita la fábrica «Nuestra Señora de la Mongía», de este pueblo, propiedad de los señores Caño y Compañía, que es inmejorable, y cuya inauguración oficial se hará muy en breve.

CORRESPONSAL

EL CASTELLANO. 29 mayo 1926

De Novés

Reformas locales

Hace breves días ha sido inaugurada la fuente llamada «El Canal», que existe en el centro de esta población, a la cual acude casi todo el vecindario por agua, por su potabilidad y abundancia; pues con sólo ella y no haciendo uso de otras que existen, es suficiente para el abastecimiento de esta localidad.

Con tan grata como indispensable reforma, el alcalde don Alfredo Agudo, está recibiendo plácemes del vecindario en general.

Asimismo y bajo la dirección del competente secretario de ésta, señor Barallat, se está llevando a cabo la reforma de la Casa Ayuntamiento que tanto lo necesitaba, que dadas sus acertadas disposiciones, lograremos tener un Ayuntamiento capaz y no como el que insuficientemente existía, por su mala distribución de dependencias.

En breve se dará principio al arreglo de varias calles que se dejaron en suspenso por falta de obreros, que se ausentaron de ésta para las faenas de verano.

Nuevo médico

Ha sido nombrado médico titular de ésta, don José Sanmiguel, hijo del farmacéutico del mismo nombre, y corresponsal de este diario en Puebla de Montalbán, e hijo político de nuestro distinguido amigo don Benito Cardañosa, de Madrid.

Reciban Todos nuestra más efusiva felicitación por tan acertado nombramiento.

EL CASTELLANO. 30 junio 1926

PUBLICIDAD

VERDADEROS
GRANOS de SALUD
del FRANCK DEPURATIVOS
Exíjase el Rótulo adjunto en 4 colores.
Contra el ESTREÑIMIENTO
EN TODAS LAS FARMACIAS

Lo que gusta más á Bebe,
lo que está esperando con
impaciencia
es la
HARINA lacteada NESTLÉ
el alimento preferido de los
niños.

HARINA
LACTEADA
50 años
de ÉXITO
NESTLÉ
Pídase en
todas las
Droguerías
y Farmacias
ALIMENTO
COMPLETO
PARA NIÑOS

Desde Novés

Importantísima mejora.— Inauguración de la fábrica de Electricidad

Con gran solemnidad tuvo lugar el 28 de Junio la bendición de la gran Fábrica de Electricidad, recientemente instalada, propiedad de los señores Caño y compañía, novesanos amantes de su pueblo que sin omitir sacrificios de todo género han llevado a cabo con gran tesón y constancia, haciendo que el pueblo de Novés, que por espacio de muchos meses ha permanecido en las tinieblas hoy tenga, debido a su esfuerzo, uno de los mejores alumbrados.

A las nueve de la noche de referido día, se congregaron en la fábrica, las autoridades locales y todo el pueblo en masa; momentos después llegó el digno párroco acompañado de todo el servicio parroquial dando principio el solemne acto de la bendición de la maquinaria. Terminada ésta, pasaron a los espaciosos salones donde se sirvió un espléndido lunch, para todos los invitados, mejor dicho para todo el pueblo que, apiñado manifestaba su entusiasmo y gratitud hacia sus convecinos los señores Caño y compañía.

Estos, profundamente emocionados, no cesaban de agasajar con toda clase de obsequios a sus convecinos; a todo esto, una artística iluminación iluminaba las fachadas del hermoso edificio de la fábrica, por donde desfilaron todas las clases sociales que fueron obsequiadas con toda esplendidez.

La juventud tuvo con tal motivo ocasión de divertirse, pues el baile no cesó hasta bien entrada la mañana del 29.

Satisfechos pueden estar los señores Caño y compañía, así como el laborioso pueblo de Novés, los primeros por la satisfacción íntima que produce una legítima aspiración, llevada con gran acierto a cabo, pues es justo consignar que, la maquinaria y materiales empleados, son la última palabra de la industria mundial y muy especialmente nacional que les compensará los sacrificios hechos el ver que no solamente proporciona a un a los hogares más humildes este elemento de progreso, sino trabajo y medios de emplear otras actividades.

Mi felicitación más sincera a dichos señores, al pueblo y al ilustre ingeniero señor Dubois, director de los trabajos, que representa la gran industria nacional de La Electricidad S. A., Sabadell Barcelona, bajo la razón social de R. Cortells.

GERARDO SANCHEZ R.

EL CASTELLANO. 02 julio 1926

Ferias de Septiembre

En Novés

Los días 7, 8, 9 y 10 de Septiembre próximo, se celebrarán en este pueblo las tradicionales ferias y fiestas en honor de su venerada Imagen Nuestra Señora de la Mongía.

PROGRAMA

Día 7.—Por la tarde, solemnes vísperas; por la noche, iluminaciones a la veneciana, fuegos artificiales por un acreditado pirotécnico, bailes públicos y de Sociedad.

Día 8.—Dianas, inauguración de la feria de ganados con abundantes pastos y aguas gratuitas, función religiosa, en la que predicará el elocuente orador sagrado don Pedro Pascual Pratos Escobar, párroco de este pueblo; procesión Cívico-Religiosa.

Por la tarde, gran corrida de novillos-toros, en la que Carlos Benítez «Mazzantinito» y Casimiro de Ordi «Espartero II», se las entenderán con cuatro morlacos de don Gregorio Serrano.

Todavía, el día 12, se celebrará una segunda corrida, como la primera, a beneficio de la Cruz Roja, toreando este día Manuel Hermoso «Colichi» y Gregorio Caro «Valencia III».

Por la noche, grandes funciones de teatro por selectas compañías en los dos teatros.

Día 9.—Por la mañana, dianas.

Carreras de chicos metidos en sacos para los aficionados de la localidad, con distribución de varios premios en metálico.

Por la tarde, carreras de bicicletas y de cintas con premios también en metálico, para los aficionados de la población.

Bailes públicos en los sitios de costumbre.

Día 10.—Por la mañana, grandes dianas.

Por la tarde, clausura de la feria de ganados.

Por la noche, funciones de teatro y de cinematógrafo.

EL CASTELLANO. 06 septiembre 1926

De Novés

Concesión del Teléfono inter-urbano.—Próx ma cacería.-Un ruego a la sociedad y fuerzas vivas novesanas

El día 19 de los corrientes han salido para Madrid nuestro activo alcalde don Alfredo Agudo, acompañado del secretario de este Ayuntamiento, don Enrique Barallat y comisiones de los Municipios, de los pueblos limítrofes Portillo y Fuensalida, con objeto de recabar la instalación de un teléfono inter-urbano que comunique los tres pueblos citados que por su industria y riqueza agrícola, son acreedores a que se les conceda tal mejora. A tal fin visitaron a distinguidas personalidades de la Corte, habiendo sido acogidos con interés y simpatía y prometiéndoles su valioso apoyo.

Al efecto, dada la actividad del referido señor Agudo, y los de esos que siente por el bien material y moral de su pueblo, hizo uso de sus valiosas amistades, recomendando dicha petición en el acto al señor inspector general de la Compañía Telefónica Nacional, don José María Jaime, y al jefe primero del distrito, don Francisco Lozano, los cuales acogieron a las comisiones con exquisita afabilidad, prometiéndoles cumplir su deseo en el plazo más breve que les sea posible.

EL CASTELLANO.
23 noviembre 1926

Reforma de la Ermita de Nuestra Señora de la Mongía

De los espontáneos donativos, facilitados por estos vecinos y varios señores que aunque son naturales de ésta están ausentes, los cuales han contribuído con espléndidas dádivas, se está llevando a cabo la reconstrucción de la hermosa Ermita de Nuestra Señora de la Mongía, Patrona de este pueblo.

Esta idea ha sido felizmente acogida por presentes y ausentes, dado el ferviente cariño que aquí se profesa a nuestra novesana Virgen.

Reformas locales

También es digno de aplaudir el celo desplegado por el actual Ayuntamiento, de la que figura como alcalde don Alfredo Agudo, por las reformas locales que se llevan a cabo sucesivamente; pues en la actualidad, y a seguido de haber construído una magnífica fuente, en el centro de la población, se están llevando a cabo el empedrado y saneamiento de varias calles, a la vez que se han planteado en distintos sitios una buena cantidad de arbolado, entre éstos bastantes moreras.

EL CASTELLANO.
05 abril 1927

La ermita de la Mongía

Una de las restauraciones que más ha merecido el aplauso de este vecindario, ha sido el arreglo del templo y casa del ermitaño de Nuestra Patrona la Virgen de la Mongía; mucho tiempo hacía se dejaba sentir esta necesidad, pues dicho edificio amenazaba ruina, pero careciendo de fondos, se organizaron por iniciativa de nuestro alcalde de acuerdo con el celoso párroco de esta localidad, y junta directiva del Patronato, formado a tal fin, veladas, rifas y peticiones, y lo que se creía sueño irrealizable, hoy vemos con gran satisfacción que es una realidad consoladora; la ermita se ha restaurado, y no solamente en lo necesario sino que aparece adornada con un bonito jardín, que las señoras novesanas tienen el proyecto de embellecer, aportando cada una tiestos y plantas variadas.

EL CASTELLANO.
2 mayo 1927

De Novés

Ha quedado constituí-
da la Hermandad de la
Virgen de la Mongía.-
Grandiosa fiesta que
en honor de la milagro-
sa imagen se celebra-
rá el día 19 del actual.
Higiene local.-Notas de
sociedad.- Precios del
mercado

Bajo la presidencia del señor cura párroco y el alcalde
señor Agudo, se ha reunido
el Patronato de la Virgen de
la Mongía, para constituir la
Hermandad que por tanto
tiempo se tenía proyectada.

El párroco, señor Frutos,
habló a la concurrencia con
su acostumbrada elocuencia,
exponiendo el objeto de la
reunión.

Seguidamente una comi-
sión de señoritas recorrió algunas calles de la población,
para formar listas, dando un
resultado tan satisfactorio,
que son bastantes los cientos
de inscriptos.

El 19 del actual se cele-
brará en la ermita de la Patrona una gran fiesta.

EL CASTELLANO.
16 mayo 1929

PROPAGANDA AGRICOLA

Interesante acto social en Novés

Requerida por numerosos labradores del pueblo de Novés (Toledo), se trasladó el domingo una Comisión de la cátedra circulante del Secretariado Nacional Agrario al mencionado pueblo, donde se celebró un importante acto de propaganda.

Acudieron la casi totalidad de los labradores de la localidad y numerosas Comisiones de los pueblos limítrofes, destacándose las de Fuensalida, Rielves, Hormigos y Santa Cruz.

Actuaron como conferenciantes el presidente del Sindicato de Novés, D. Gregorio Alonso, que hizo la presentación de los visitantes; el agricultor D. Santiago Cardassay, para asociarse en nombre de los labradores de Novés y sus contornos a la obra benemérita que realiza el Secretariado; el culto abogado D. Francisco F. Sánchez Puerta, que trató diversos aspectos del problema agrario español y las soluciones adecuadas; el propietario D. Ricardo Corredor, que glosó los fines de la institución; D. Ramiro Villarino, que disertó sobre diversos aspectos económicos de la vida del labrador, y el presidente del Secretariado, D. Rafael de Roda, que hizo una admirable conferencia, explicando el alcance y significado del lema «Pan, Paz, Patria», en que puede sintetizarse la ideología del Secretariado Nacional Agrario.

Finalmente, D. José Primo de Rivera, que presidió el acto, hizo un breve resumen del mismo, y en sentidos párrafos rectificó insidias y suspicacias de algunos malintencionados que atribuyen fines bastardos a esta obra de apostolado, de verdadera acción social cristiana.

La Comisión quiso asociarse al homenaje a la vejez que se prepara en honor del maestro nacional don Juan Puebla Díaz, anciano de ochenta y seis años, que mostró deseos de asistir al acto que se celebraba, y le hizo una visita colectiva, rindiendo así pleitesía a los representantes de la cultura en los pueblos rurales.

EL IMPARCIAL.
30 octubre 1929

Sobre cinco cesantías

Con el solo fundamento de que se decretaban «para bien de la República», el Ayuntamiento de Novés (Toledo) ha decretado la cesantía de cinco funcionarios.

Entre ellos los hay con más de diez años de servicios; otros fueron nombrados por el fuero de Guerra; y uno, que no tiene más que setenta añitos de edad, resulta que es el único republicano que hubo en el pueblo antes de la proclamación del nuevo régimen.

Creemos que lo que debe hacerse, «para bien de la República», es no cometer desafueros. Si esos empleados no cumplían su deber se les debió expedientar, y si no tienen a su cargo otra falta que la de no militar en el partido imperante en el pueblo, no parece, ni es camino recto, el de imponerles caprichosamente esa penalidad, que les priva de medios de subsistencia.

Ahora más que nunca hay que proceder con rectitud.

LA LIBERTAD.
5 noviembre 1931

NOVES

L. con Ayt de 2.903 H. situado a 7 Km. de la estación más próxima, Torrijos, la cabeza del partido judicial—G. P. y L. de aut. de Toledo a Torre de Esteban Hambrán.

Albarderos
Hullido (Rafael).

Aserrar maderas (Fábricas de)
Lirola e Hijo (Faustino)

Automóviles de alquiler
Benayas (David).
Morales (Antonio).

Barberías
Caro (José Martín).
Illescas (Angel).
Ordóñez (Lorenzo).

Carnicerías
Alamo (Andrés del).
Alamo (Pedro del).
Benayas (Juan).
Bolonio (Francisco).
López (Marcelino).

Carpinterías
Lirola (Faustino).
Rodriguez (Anastasio).

Carros (Constructores de)
Farelo (Federico).
Paz (Pablo de).

Comestibles
Agudo (Alfredo).
Alamo (Andrés del).
Mínguez (Mateo).
Solórzano (Miguel).

Confiterías y pastelerías
Marrón (Nicolás).
Notario (Balbino).

Chocolate (Fábricas de)
Marrón (Nicolás).
Notario (Balbino).

Electricidad (Fábricas de)
Paz (Pablo de).

Farmacias
San Miguel (Esteban).

Harinas (Fábricas de)
Rodríguez (Antero).

Herrerías
Benayas (Mariano).
García (Mariano).

Hojalaterías
Martín (Francisco).

Ladrillos y tejas (Fábricas de)
Benayas (Pedro).
Esteban (Vicenta).
Yepes (Doroteo).

Médicos
Casas (Manuel).
Suárez (Pedro).

Mercerías
Agudo (Alfredo).
Alonso (Tiburcio).

Pan (Hornos de)
Esteban (Florentino).
Palomo (Mariano).
Rodríguez (Gerónimo).
Rodriguez (Justo).
Solórzano (Jacinto).
Valtierra (Santiago).
Yepes (Doroteo).

Panaderías
Mínguez (Mateo).

Posadas
Hernández (Bautista).
Rodríguez (Eladio).

Practicantes en Medicina y Cirugía
Caro (José Martín).
Illescas (Angel).
Ordóñez (Lorenzo).

Sastrerías
Malucenda (Luis).

Tejidos
Alonso (Isaac).
Castaño (Sagrario)
Hernández (Mateo).

Transportes
Benayas (Teodoro).
Esteban (Catalino).

Veterinarios
López (Francisco).

Vinos
Hernández (Eugenio).
Portillo (Paulino).
Recio (Rosendo).
Tapiader (Nicolás).
Villaluenga (Alberto).

Vinos (Fábricas de)
Martín (José).
Palomo (Mariano).
Portillo (Paulino).
Tapiador (Nicolás).

Zapaterías
Aguila (Jesús).
Gil (Florencio).
Ortega (José).
Ortega (Patrocinio).
Rodríguez (Melquiades)

GUÍA DE INDUSTRIA Y COMERCIO. Años 1931-32

NOVES

L. con Ayt. de 2.993 H. situado a 7 Km. de la estación más próxima, Torrijos, la cabeza del partido judicial.—G. P. y L. de aut. de Toledo a Torre de Esteban Hambrán.

Albarderos
Lullido (Rafael).

Aserrar maderas (Fábricas de)
Lirola e Hijo (Faustino)

Automóviles de alquiler
Benayas (David).
Morales (Antonio).

Barberías
Caro (José Martín).
Illescas (Angel).
Ordóñez (Lorenzo).

Carnicerías
Alamo (Andrés del).
Alamo (Pedro del).
Benayas (Juan).
Bolonio (Francisco).
López (Marcelino).

Carpinterías
Lirola (Faustino).
Rodríguez (Anastasio).

Carros (Constructores de)
Farelo (Federico).
Paz (Pablo de).

Comestibles
Agudo (Alfredo).
Alamo (Andrés del).
Mínguez (Mateo).
Solórzano (Miguel).

Confiterías y pastelerías
Marrón (Nicolás).
Notario (Balbino).

Chocolate (Fábricas de)
Marrón (Nicolás).
Notario (Balbino).

Electricidad (Fábricas de)
Paz (Pablo de).

GUIA DE INDUSTRIA Y COMERCIO. Años 1931-32

En Noves (Toledo)

Ante una multitud de unos 2.000 campesinos, que abarrotaron el salón de baile, los patios anexos y la calle, se celebró el domingo un acto del Frente Popular, en el que tomaron parte Carmen Alonso, por la Juventud Comunista, que saludó a las numerosísimas mujeres en nombre de las obreras madrileñas; Manuel García González, por la Juventud Socialista; Eugenio Mesón, por la J. C.; José Barón, por el partido comunista, y Francisco Tedó, por el Socorro Rojo. Los aplausos y vítores fueron extraordinarios. Acudieron representaciones de campesinos de varios pueblos cercanos, Escalonilla, Quismondo, La Torre de San Esteban Hambrán, etc.

LA LIBERTAD. 12 febrero 1936

LA LOTERÍA DE NAVIDAD LLEGA A NOVÉS

Dos series del cuarto premio para obreros de Toledo

TOLEDO, 22. — Dos series del cuarto premio fueron adquiridas por don Luis Calderón, vecino de Torrijos, en una Adininistración de la calle de Montera, de Madrid, y distribuidas en participaciones de 5 y 10 pesetas entre los obreros de un Matadero industrial y de una fábrica de conservas que posee en aquella villa. También entregó participaciones a empleados y de otras propiedades suyas y sus familias, en Barcience, Novés, Gerindote y Puebla de Montalbán. El señor Calderón calcula en unas trescientas personas las beneficiadas.

LA PRENSA. 22 diciembre 1950

EL CASTILLO DE SAN SILVESTRE... ¿DE NOVÉS?

EXCURSIONES DE LOS AMIGOS DE LOS CASTILLOS

La Asociación Española de Amigos de los Castillos ha organizado para el próximo día 13 dos excursiones colectivas: Una para visitar, en la provincia de Toledo, los castillos de Novés, Barcience y Puebla de Montalbán, y otra para el Monasterio de Guadalupe. Las inscripciones se pueden verificar hasta el jueves, día 10, en Almagro, 20.

HOJA DEL LUNES. 7 octubre 1957

CAMBIO DE NÚMEROS DE TELÉFONO EN NOVÉS Y EN VAL DE SANTO DOMINGO

Los abonados de Telefónica de Novés y de Val de Santo Domingo verán cambiar su número en los próximos meses. En enero entra en funcionamiento la central de Val de Santo Domingo, que contará con una capacidad de 300 líneas, ahora funcionan 210 y sus números empezarán por 779. La nueva central de Novés se está construyendo, calculándose su puesta en funcionamiento en marzo, con 360 líneas sobre las aproximadamente 240 actuales y con números iniciados en 778.

Con estas centrales finalizará el colapso existente en estos pueblos en donde hay personas que tienen solicitado teléfono desde hace dos años, a la vez que se liberan casi 500 líneas de la central de Torrijos, de donde dependían los teléfonos de ambos municipios, con lo que también los torrijeños podrán pedir teléfono. Hasta ahora los abonados tenían teléfonos que empezaban por 761.

Revista Bisagra.
N.º 55 – 27 noviembre 1988

SEMANA SANTA

Novés.—Se han verificado, con la solemnidad
que en años anteriores, las funciones de Semana Santa, habiendo concurrido un número extraordinario de
forasteros, atraídos por la fama del orador sagrado
que ocupó la Cátedra del Espíritu Santo en la mañana
y tarde del Viernes Santo.

Tiempo hacía que no teníamos el gusto y la satisfacción de oir en este pueblo un orador que, á la elocuencia y facilidad de expresión, reuniera una unción
evangélica tan marcada como la del digno Párroco
de Guadamur D. Juan Carrillo y de los Silos. Sin
preocuparse para nada de la elegancia en el decir, pe-
netraban sus palabras tan en lo íntimo del corazón
de los oyentes, que hubo momentos en que conmovió
al auditorio en general.

Los elogios que yo pudiera hacer de todos y de
cada uno de los sermones en particular, resultarían
pálidos para lo que ellos se merecen.

El Sr. Carrillo ha dejado en este pueblo un recuerdo tal, que no se borrará en mucho tiempo la
impresión de sus sermones, atreviéndome desde luego
á aventurar que no será esta ocasión la última que
tendremos el gusto de admirarle.

El Sermón de Mandato y el primero de Pasión,
estuvieron á cargo del ilustrado Párroco de ésta, quien
con su acostumbrada elocuencia, nos tuvo á todos sus
feligreses pendientes de sus palabras, como acontece
en todas las ocasiones, que no son pocas, que tenemos la satisfacción de escuchar de sus labios la divi-
na palabra.

EL CASTELLANO. 10 mayo 1906

La Semana Santa en el partido de Torrijos.

De año en año los pueblos se afanan y hay en ellos una verdadera emulación para celebrar con suntuosidad y fe las fiestas de Semana Santa.

Se compran las más bellas Imágenes, se invita á los más virtuosos y elocuentes oradores, y las Hermandades y Cofradías despliegan todas las galas y riquezas acumuladas desde luengos siglos.

Este partido de Torrijos se distingue por su religiosidad, y celebra las fiestas de nuestra redención, la Semana Santa, con humildad, frecuencia de Sacramentos y mucho fervor religioso. ¡Qué hermosos son los cuadros que frecuentemente vemos de la primera Comunión de los niños! El pueblo se viste de gala, las campanas repican alegres de blanco van los ángeles al acercase á la Mesa Eucarística; y los pobres reciben en muchos pueblos comida abundante con que los obsequian los niños que comulgaron, ¡los ángeles obsequiando á los necesitados!

El Sr. Belda, Beneficiado de la Catedral de Madrid, predicó eh Huecas, la fama que allí llevaron González Reyes, Guerra y otros, la ha sostenido tan correcto y evangélico orador, admirado por los fieles, ante los cuales se mostró agradecido, y sobre todo, de D.ª Josefa López, alma de Huecas, una señora virtuosa y caritativa.

En Novés ha ocupado el púlpito el P. Apolinar Pérez, predicador del Convento de la Puebla, orador de fácil palabra, de brillante imaginación y con mucha unción religiosa, en el sermón de «Las Caídas» estuvo elocuentísimo, y poco faltó para que los fieles cambiaran en aplausos los rumores de aprobación que cundían por la plaza donde la Procesión se establece, y en la cual se coloca la tribuna.

EL CASTELLANO. 21 marzo 1907

De Novés

La tradicional Semana Santa

Con la tradicional solemnidad con que en este pueblo se celebran siempre los actos religiosos de la Semana Santa, famosa en toda la comarca, se celebraron en este año con asistencia del pueblo en masa y un contingente de más de 500 forasteros, ávidos de la dulce emoción de su típica procesión de «las caídas». El señor cura párroco, don Pedro Frutos, sin preparación, por ausencia del predicador encargado de los sermones, echó sobre sí la carga enorme de la predicación, especialísima de esta Semana Santa por su número y por la brevedad del tiempo que media entre dos sermones sucesivos. El pueblo, una vez más, se muestra profundamente agradecido a la labor extraordinaria de su amantísimo párroco.

EL CASTELLANO. 16 abril 1925

LA FUGA DE UN PREDICADOR

En el pueblo de Novés, apacible lugar de la provincia de Toledo, que tiene a gala celebrar con inusitado esplendor las solemnidades de la Semana Santa, ocurrió en la mañana del Viernes Santo un misterioso suceso que llenó de espanto, primero, y de indignación, después, al pacífico y laborioso vecindario.

El día anterior había llegado al pueblo contratado por la Hermandad de la Sangre, el orador sagrado don Mariano López de Aída que fué hospedado en casa del mayordomo de la Hermandad, donde se le agasajó como cumple a la hidalga hospitalidad castellana.

Después del sabroso y abundante yantar, retiróse el orador sagrado a su cuarto para meditar y dar los últimos perfiles al sermón del siguiente día, que había de ser asombro de propios y extraños. Pero la meditación y el trabajo intelectual no son compatibles con las funciones digestivas y las primeras luces del alba sorprendieron al orador en el muelle regalo de los colchones, y el sermón, no sólo a falta de los perfiles, sino de toda idea acerca de él. Y el padre predicador sintió miedo; se vistió los hábitos resueltamente, salió de puntillas para no despertar a nadie y huyó a campo traviesa. Una hora después, todo era confusión y extrañeza en casa del mayordomo. Cuando éste entró a despertar al señor López y vió vacía la habitación, y observó que faltaba la maleta y que la puerta de la calle había sido abierta, pensó en que alguna Hermandad rival le había robado al predicador.

Mientras tanto, la iglesia se llenaba de fieles que aguardaban ansiosos la palabra elocuente de aquel predicador, de quien se esperaban las más extraordinarias cosas. La Junta de la Hermandad se reunió apresuradamente para adoptar acuerdos. Un labriego llegó con la noticia de que el padre predicador, con la maleta al hombro y a buen paso, se encaminaba a Torrijos. La noticia cundió rápidamente, y con ella, otra trascendental: la de que ya había cobrado sus estipendios por el inédito sermón.

El vecindario se congregó en torno de la casa donde celebraba su reunión la Junta de la Hermandad de la Sangre. El tiempo transcurría, y como no fué aceptada la propuesta de algunos de aplazar el Viernes Santo en Novés y todo su término municipal hasta tres días después, se decidió al fin, suplicar al párroco que pronunciara el sermón, y que, además, lo hiciera gratis, porque, como ya le conocían y le habían oído hablar muchas veces, no tenía interés para el pueblo. Y así se resolvió el peliagudo conflicto. Y con gran contento de todos, porque el párroco fué un torrente de oratoria.

Lo interesante es que hay quien dice en el pueblo que el padre predicador que se ha fugado no es padre ni predicador, sino un "vivo" que quiso sacar su tripa de mal año.

EL PROGRESO. 19 abril 1925

LOS SERMONES DE VIERNES SANTO.—El sábado insertamos un suceso titulado "El timo de la elocuencia", ya publicado entonces en otros periódicos. Decíamos en él que un estafador, fingiéndose el orador sagrado D. Marciano López Alda, había timado en el pueblo de Novés (Toledo) el precio de unos sermones. No había, pues, la menor ofensa para el Sr. López Alda, cuya personalidad habían usurpado.

Pero alguien bien informado y que tiene interés en que conste la verdad—nosotros también lo tenemos—nos refiere que lo ocurrido fué que habiendo el Sr. López Alda recibido del mayordomo de la Hermandad de la Sangre de Novés el encargo de predicar unos sermones en el día de Viernes Santo, fué al pueblo, donde presentó sus documentos al párroco, entre ellos la licencia de predicación del Arzobispado de Toledo. Alojóse el Sr. López Alda, bien estrechamente por cierto, según cuenta, en casa del mayordomo, y a poco se sintió enfermo con alta fiebre. Así pasó la noche y vió llegar con alarma el día en que había de predicar.

La alarma no era por la fiebre sólo. El Sr. López Alda recordará siempre con cierto desasosiego el trato que recibió en Novés. No de hostilidad, ni mucho menos, sino de la más campechana franqueza y camaradería, hasta el punto de que cada vez que sacaba la cabeza de su cuarto, los hermanos de la Sangre, que estaban de ejercicios espirituales en el contiguo, le alargaban un jarro, diciéndole en tono del mayor apremio: "Beba, padre, beba."

Al Sr. López Alda se le representó que, pudiera o no, con fiebre o sin ella, aquellos buenos hermanos de la Sangre, tan enemigos de remilgos, habían de decirle que predicase con los mismos inapelables modos con que le ofrecían de beber. No se atrevió a esperar y huyó, dejando al mayordomo una carta, en que se excusaba por enfermo de cumplir su compromiso. Pero huyó sin haber cobrado un céntimo, ni por el viaje, ni a cuenta de los sermones, ni por nada. De Novés sólo se llevó una enfermedad que le ha tenido postrado ocho días y un déficit de cerca de 300 pesetas.

LA VOZ. 20 abril 1925

La protesta de un pueblo

Nos es imposible publicar las muchas cartas que recibimos de vecinos del pueblo de Novés (Toledo) y de hijos de éste que residen en otras localidades, protestando de las afirmaciones hechas por el sacerdote Sr. López de Alda en la carta que de él publicamos. De insertar las recibidas en respuesta a la que insertamos del predicador necesitaríamos un considerable espacio, del que no disponemos.

Firma una de las cartas el médico de Novés, D. Antonio Gómez Trelles; otra, el presidente de la Hermandad de la Sangre, D. Telesforo Portillo, otra, J. Puebla, y otra—por no citar más—, el párroco de San Nicolás el Real, de Guadalajara, D. Elías López Rodríguez

En todas esas cartas se confirma nuestra información y se protesta de las afirmaciones del predicador Sr. López de Alda. Novés es un pueblo culto; incapaz de faltar a las reglas de cortesía y al hospitalario trato que se debe al forastero.

Como recogimos la defensa del Sr. López de Alda, recogemos la justa protesta que en nombre de todo el vecindario de aquel pueblo formulan con toda energía las personalidades de más relieve de la localidad.

LA LIBERTAD.
29 abril 1925

PUBLICIDAD

PUBLICIDAD

DE NOVES

Próximas fiestas de Semana Santa

Con motivo de las tradicionales fiestas de Semana Santa, que tan populares son en esta comarca, han empezado las solemnes novenas, a las que concurren diariamente muchos fieles, de ésta y forasteros que ya nos honran como huéspedes, para presenciar estos hermosos actos religiosos.

Es digno de encomio el entusiasmo que existe en este religioso vecindario por asistir a las diferentes ceremonias, como también lo es la buena impresión que de los mismos llevan siempre los que vienen de los pueblos limítrofes a honrarnos con su asistencia.

La animación será mucho mayor por el interés que ha despertado la grata noticia, de saber que predicará las Estaciones el elocuente orador sagrado de Toledo, don Juan Carrillo de los Silos.

Este halagüeño motivo y la buena organización que a todos los actos cristianos sabe imprimir nuestro digno párroco don Pedro Frutos, en cooperación con la Junta directiva de la Cofradía, llamada de la Santísima Sangre de Cristo Redentor, de la cual es presidente don Vicente Bullido, y secretario don Vicente Hernández, hacen de esperar que la concurrencia de forasteros sea mayor que otras veces.

EL CASTELLANO.
05 abril 1927

ARTÍCULO SOBRE LA SEMANA SANTA DE NOVÉS, ESCRITO POR JOSE MARÍA VIRGILIO

Mas, en este punto, no creo que hay a quien se atreva a disputar la palma de la celebridad a los hijos de Novés. Yo no conozco, no he presenciado jamás, ni creo que pueda darse escena de más fuerza emotiva que la de sus famosas y renombradas «CAÍDAS». Para no fatigar al lector, me limitaré a referir un detalle. La última y más aparatosa «Caída» tiene lugar junto a las tapias del humilde cementerio... A la ancha plaza que da acceso a la región de la muerte, va llegando, silenciosa y apenada, la devota muchedumbre. El andar cansino y vacilante del Nazareno lleva al ánimo acongojado el fatídico presentimiento— que no tarda en cumplirse—de tercera y más prolongada «Caída»... Y cuando el predicador, puesto de pie sobre improvisada tribuna, apostrofa a los muertos para que despierten de su profundo sueño y vayan a mezclar sus suspiros con los que allí gimen, todo parece que se transforma; su persona, su figura, su voz. Diríase que el orador sagrado es un nuevo Ezequiel haciendo pasar un hálito de vida sobre los dominios de la muerte. ¡Su palabra tiene el dejo melancólico y lastimero del Profeta de los Trenos invitando a los vivos y a los muertos a llorar día y noche sobre las desventuras de todo un Dios!

EL CASTELLANO. 17 abril 1930

Las procesiones de Semana Santa en la provincia

En Torrijos y en los pueblos de su comarca

TORRIJOS, 2S.—Las numerosas Hermandades de esta villa, previas sesiones extraordinarias, y de acuerdo con la autoridad eclesiástica local, determinaron celebrar las procesiones tradicionales, suspendidas durante los dos últimos años. Para ello han solicitado autorización del señor gobernador de la provincia, el cual la ha concedido al instante.

Reina gran entusiasmo entre los cofrades y el vecindario en general, y son muchas las familias que se proponen iluminar sus balcones al paso de las mismas.

A este efecto saldrán de noche, según costumbre. Hay detalles de verdadero sabor tradicional, como los toques de las trompetas romanas y los típicos pitos y tambores de la Hermandad de «los Negros».

De los pueblos limítrofes nos llegan noticias de análogo entusiasmo. En Carmena, Val de Santo Domingo y Novés se celebrarán las célebres «Caídas».

EL CASTELLANO.
28 marzo 1934

NOVES bailó a la SEMANA SANTA

El Grupo de Danza "Virgen de la Mongía" abrió las celebraciones de la Semana Santa en Novés con la actuación que protagonizaron en en Centro Cultural "Peña el Porrón", en la que interpretaron la "Salve Rociera" y el "Padre Nuestro".

La actuación de este Grupo tuvo lugar tras pronunciarse el Pregón que anunciaba la Semana Santa a cargo de **Santiago Díez**.

Durante estos días Novés ha vivido intensamente la fiesta religiosa.

ECOS DE TOLEDO. 12 abril 1996

TOROS

¿HUBO UNA PLAZA DE TOROS FIJA EN NOVÉS?

Leopoldo Vázquez y Rodríguez

AGENDA TAURINA
ILUSTRADA CON FOTOGRABADOS

CONTIENE
CUANTOS DATOS Y NOTICIAS SON ÚTILES Y NECESARIOS
Á GANADEROS, AFICIONADOS, DIESTROS, EMPRESARIOS
Y CUANTOS INTERVIENEN EN LA ORGANIZACIÓN
DE LAS CORRIDAS DE TOROS

AÑO V

Precio: UNA peseta

MADRID
R. VELASCO, IMP., MARQUÉS DE SANTA ANA, 11 DUPLICADO
TELÉFONO NÚMERO 551
1900

PORTADA

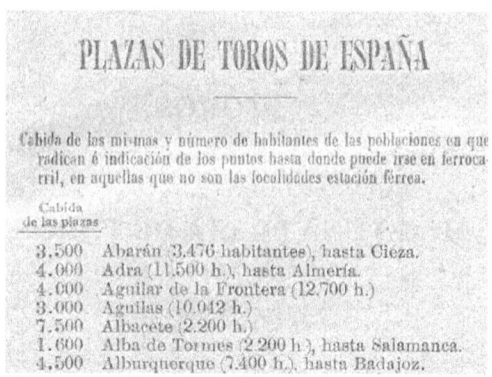

PLAZAS DE TOROS DE ESPAÑA

Cabida de las mismas y número de habitantes de las poblaciones en que radican é indicación de los puntos hasta donde puede irse en ferroca rril, en aquellas que no son las localidades estación férrea.

Cabida
de las plazas

3.500 Abarán (3.476 habitantes), hasta Cieza.
4.000 Adra (11.500 h.), hasta Almería.
4.000 Aguilar de la Frontera (12.700 h.)
3.000 Aguilas (10.042 h.)
7.500 Albacete (2.200 h.)
1.600 Alba de Tormes (2.200 h.), hasta Salamanca.
4.500 Alburquerque (7.400 h.), hasta Badajoz.

Pág. 23

6.000 Monóvar (6.000 h.)
6.000 Montilla (14.000 h.)
6.500 Montoro (14.000 h.)
4.000 Mora (7.500 h.)
5.000 Morón (16.000 h.)
6.500 Motilla (3.100 h.), hasta Cuenca.
5.000 Mula (10.800 h.) hasta Murcia.
17.500 Murcia (98.000 h.)
2.500 Navalmorales (2.100 h.), hasta Toledo.
3.000 Nerva (6.045 h.), hasta Valverde.
5.300 Novelda (7.900 h.)
3.000 Novés (2.500 h.), hasta Toledo.
4.000 Noya (2500 h.), hasta Pontevedra.
5.540 Olivenza (8 200 h.), hasta Badajoz.

Pág. 27

Desde muy antiguo se han celebrado festejos taurinos en Novés como se ha podido ver en noticias del siglo XIX. Era la fiesta nacional, imprescindible en la Feria y fiestas locales. Los toros alcanzaron su máxima popularidad a principios del siglo XX hasta que la aparición del fútbol le arrebató la primera posición.

A tenor de la publicación cuyo facsímil se muestra en la página anterior, es de suponer que en el año 1900 existía en Novés una plaza de toros fija con capacidad para 3.000 espectadores.

Hasta ahora –al menos por mi parte– se ignora la ubicación del coso taurino ni tampoco se han podido recabar más datos sobre la existencia del mismo.

La Feria de Novés (Toledo) vuelve á celebrarse, como antiguamente, los días 1, 2 y 3 de octubre, y entre los festejos, que se anunciarán oportunamente, figuran dos corridas de novillos, en las que se lidiarán 8 toros cada una, siendo dos de éstos banderilleados y muertos á estoque por el valiente y acreditado diestro Joaquín Calero (Calerito) con su correspondiente cuadrilla

EL IMPARCIAL. 2 septiembre 1904

Novillos en Novés (Toledo). – Con motivo de la feria celebróse la tradicional corrida, lidiándose ganado de Arribas para Nini y Luisito Montes. Nini tuvo una buena tarde. Con el capote toreó superiormente y con la muleta lucido y valiente. Mató de un pinchazo y dos estocadas, que le valieron dos ovaciones. Luisito Montes confirmó el cartel de la temporada. Toreó verónicas superiormente, y después de dos artísticas faenas de muleta, mató de dos volapiés que le valieron dos orejas. Los dos matadores fueron sacados en hombros.

ESPAÑA NUEVA. 4 octubre 1918

NOVÉS

Una novillada.

Para el próximo domingo se celebrará en esta localidad, con motivo de las fiestas que se verifican anualmente, una gran novillada en la que tomarán parte varios diestros de esta provincia.

Se lidiarán tres hermosos novillos de una acreditada ganadería del Campo de Salamanca.

El primero y tercero serán muertos á estoque por nuestro paisano Gomersindo García, y el segundo lo despachará el novillero «Cacharrerito» natural de Escalona.

La expectación en el pueblo para presenciar esta corrida, es grande, esperándose que se agoten muy pronto todas las localidades, no obstante el elevado precio de las mismas.

NOVES

La novillada de ayer.

Novés, 4.—Con un lleno completo se ha celebrado la novillada anunciada.

Se lidiaron tres novillos de Sanchón de la Sagrada, de Salamanca, resultando bravos los dos primeros y muy manso el último.

Gumersindo García, en su primero, instrumentó una serie de verónicas muy toreras y valientes.

Con la muleta hizo una faena superior, toreando al natural, intercalando un pase de pecho escalofriante.

A la hora de matar, empleó dos medias estocadas que terminaron con el morucho, oyendo una gran ovación.

El segundo, que era muy chico, debía matarlo «Cacharrerito de Escalona», el cual, por su insignificancia, lo cedió al sobresaliente Melitón García «Bocanegra», que lo toreó y mató bien.

El último novillo, por su enorme mansedumbre, fué muerto por los mozos del pueblo, provistos de sendas estacas y navajas, después de montarse sobre él y derribarlo, sin que, ni por casualidad, acometiera una sola vez.—*Corresponsal.*

EL CASTELLANO. 03 octubre 1920

PLAZA DE TOROS DE NOVES

Magnífica corrida de Novillos-Toros

para el día 15 de Agosto de 1925

ESPADAS:

Luis Montes
(de Portillo)

Juan García Montoro
(de Santa Cruz del Retamar)

Ricardo Pérez Peralta
(de Torre de Esteban Hambrán)

PRECIO DE LAS LOCALIDADES:

Tendido de sombra, 3.25; tendido de sol, 2,50; entrada general, dos pesetas

Dada la importancia de la corrida, habrá un servicio especial de automóviles desde La Torre, pasando por Santa Cruz, como igualmente desde Torrijos y Portillo.

Cartel promocional que se publicó en EL CASTELLANO y otros diarios en distintas fechas durante julio y agosto de 1925

TOLEDO 9.—En el pueblo de Novés se lidiaron novillos de Zaballos, que resultaron buenos. Pedro Montes, que actuaba de único matador, toreó por verónicas y gaoneras, banderilleó admirablemente y realizó buenas faenas de muleta. Mató superiormente, concediéndosele varias orejas. Fué sacado en hombros.

EL LIBERAL. 10 septiembre 1925

CARTEL OFICIAL DE LA CORRIDA
DEL DÍA 15 DE AGOSTO DE 1925

Noves 12.—Se ha celebrado la novillada de feria anunciada, lidiándose novillos de Tapias, por Ramón
Silvestre (Valencia III) y Félix Almagro (Calores).

Valencia III, regular toreando y
matando.

Calores entusiasmó al público con
la capa y muleta y al matar estuvo
breve.

EL IMPARCIAL.
13 septiembre 1927

Varias novilladas

Toledo 11.—En el pueblo de Noves
se celebró la novillada de feria, lidiándose ganado de Benito García,
que fué bueno.

Ruzafa estuvo superior con capote y muleta; hizo dos excelentes faenas de muleta, y con el estoque dió
dos estocadas soberbias. Cortó dos
orejas y fué contratado nuevamente.

EL IMPARCIAL.
12 septiembre 1928

Novillada en Noves

NOVES (Toledo), 1.—Se lidian no. villos de Sixto Rodrigáñez, que resultaron bravos, por Carnicerito de Talavera y Vicente Gutiérrez (Tito).

Carnicerito fué ovacionado en su primero y aplaudido con las bande. rillas. En el segundo estuvo bien con la capa y realizó una buena faena de muleta, con pases de diferentes marcas. Se le concedió la oreja y el rabo.

Tito obtuvo un gran éxito con el capote y muleta y mató superiormente. Cortó las orejas y el rabo.

Los dos diestros fueron sacados de la Plaza a hombros. (Mencheta.)

PUEBLO. 2 octubre 1946

Doblado, cogido grave

Noves (Toledo), 29.—Tres novillos de don Emilio García Ramos, grandes y bravos.

Ricardo Doblado, único matador, en el primero dos orejas.

En el segundo sufre una aparatosa cogida al dar un pase de muleta, siendo retirado a la enfermería en brazos de las asistencias, para no reaparecer. Tuvo que matar a este novillo y al siguiente el banderillero de la cuadrilla de Doblado, Francisco Escobar.

El torero herido fué trasladado al Sanatorio de Toreos, donde ingresó en las primeras horas de la noche. Sufre una cornada en el muslo izquierdo de ocho centímetros de profundidad, con rotura de fibras. Pronóstico grave.

EL ADELANTADO. 30 septiembre 1960

Juan Mora una oreja en cada uno de los suyos.

DERROCHE DE OREJAS

Novés (Toledo), 2. (Cifra).—Novi- llos de Alonso Moreno, muy buenos. Manuel del Olmo, dos orejas en cada uno de sus novillos. Luis Miguel Ruiz, dos orejas en su primero y dos orejas y rabo en el que cerró plaza.

DIARIO PALENTINO. 3 octubre 1977

"Morenito" y Campuzano triunfaron en Novés (Toledo)

Efe - Novés (Toledo)

Los diestros José Nelo «Morenito de Maracay» y Tomás Campuzano cortaron los máximos trofeos, dos orejas y rabo, en el festival sin picadores, en la localidad toledana de Novés, en el que se indultó un novillo de Evelio Ramos.

Se lidiaron novillos de Evelio Ramos, muy buenos, y uno, el primero, para rejones, de Luis Terrón. El segundo fue indultado. El rejoneador Borja Baena, una oreja. El venezolano José Nelo «Morenito de Maracay», dos orejas y rabo. Tomás Campuzano, dos orejas y rabo simbólicos. Rafael Camino, una oreja. El novillero Francisco Camino, una oreja.

**LA TRIBUNA.
29 septiembre 1996**

OTROS TOREROS FAMOSOS EN NOVÉS

Además de toreros de primera fila como los que ya hemos podido ver también han toreado en Novés maestros consagrados como Mariano Montes de Portillo, los hermanos Bienvenida, «Antoñete», los rejoneadores hermanos Peralta –Ángel y Rafael–, Gregorio Sánchez, Manuel Cano «el Pireo», Carlos Collado «el Niño de la Taurina», entre otros.

TOREROS LOCALES

En el año 1898 toreó en Novés el novesano Feliciano Benayas «El Toledano» a quien se le ha llegado a atribuir cierta influencia en el proceso de iniciación pictórica del genial Picasso y cuya biografía se puede leer en la primera parte del libro titulado *Algunas cosas curiosas de Novés*.

También es justo mencionar a otros toreros de nuestra localidad que con mayor o menor fortuna destacaron de alguna manera en los carteles del siglo XX y que tuvieron ocasión de torear en su pueblo natal: Gregorio Esteban «*El Pisa*»; Santiago Illescas «*Churruca*»; Francisco Pérez «*El Renco de Toledo*»; Pedro Ordóñez «*El Loncha*»; Mariano Muñoz «*Marianete*»; Diego Fuentes que destacó en banderillas y el rejoneador José María Fernández «*El Vaquerito*»... a los que habría que añadir a bastantes aficionados más, que a pesar de intentarlo con arrojo y valor permanecen en el anonimato porque no lograron alcanzar el reconocimiento necesario que conceden los carteles taurinos, aunque quizás algunos de ellos, para ser justos, hubieran podido optar a ello.

PUBLICIDAD

DEPORTES

¿UN RALLY EN NOVÉS?

HOJA DEL LUNES. 11 febrero 1957

De la curiosidad de esta noticia destaca lo que se dice en el recuadro que explica el desarrollo de la prueba que resumimos a continuación.

La competición constaba de tres etapas.

1ª) Villamanta-Méntida-La Torre de Esteban Hambrán;

2ª) Torrijos-Novés-Santa Cruz del Retamar

3ª) Navalcarnero-Villanueva de la Cañada.

De los 199,10 km. del recorrido total, 74,70 eran contra el crono y los 124,40 restantes a tiempos de rally con promedios marcados de 51,5 km/h. para scooter y «piccolas», 55 km/h para motocicletas superiores a 125 c.c. y 60 km/h para automóviles.

Otra curiosidad son las marcas míticas de las motos que participaban:

- 8 Vespa,
- 7 Guzzi,
- 2 Iso,
- 1 Lambretta y 1 Ducati en categoría de scooter y menores de 100c.c.

Las superiores a 125c.c. fueron:

- 24 Montesa,
- 12 MV,
- 7 Roa (una de ellas con sidecar),
- 3 Lube,
- y otras como Mynsa, Zundap, Rondine, Derbi, Ossa, Salglas, Isomoto y Peugeot hasta completar 64 inscritas junto a 40 automóviles.

EL ORIGEN DE
LA SAN SILVESTRE NOVESANA

El 31 de diciembre de 1979 un grupo de amigos de Novés realizaron una carrera cuyo recorrido tenía como meta el cercano castillo de San Silvestre. Se denominó «El maratón de San Silvestre de Novés».

Al año siguiente se organizó una carrera pedestre con la intención de convertirla en una prueba anual.

___ *NOVES* ___

Trofeos y entusiasmo en el cross de San Silvestre

NOVES. Fátima Gil de Rozas

Organizado por el Ayuntamiento y la peña El Porrón, de este acogedor municipio, se celebró por vez primera una carrera pedestre con carácter local el pasado miércoles 31, a las siete de la tarde. Nuestros jóvenes competidores se agruparon en las siguientes categorías: alevines, hasta los diez años de edad; infantiles, hasta los catorce años, y juveniles, hasta los diecisiete.

Culminó este ameno y deportivo acontecimiento con la gran prueba libre de categoría absoluta y mayor relevancia. Se recorrieron 9 kilómetros con el itinerario Noves-San Silvestre-Noves. Minutos más tarde, terminadas las pruebas competitivas, la charanga El Porrón actuó en la plaza de España, que alentó aún más el espíritu de los novesanos con las acertadas y populares notas musicales de su orquesta. En tan agradable ambiente se otorgaron los respectivos trofeos a todas las categorías participantes, donados por las distintas casas comerciales. En la gran prueba libre quedó clasificado en primer lugar Alberto Gil de Rozas, y en segundo y tercer lugar se clasificaron, respectivamente, Felipe Farelo y Pedro Fuentes.

Asimismo, con buen humor y gozo todos los vecinos de Noves, hombres y mujeres, pequeños y mayores, recibieron al nuevo año en torno a una enorme fogata que situaron en la ya citada plaza de la localidad. Con el crujir de dientes y las manos temblorosas que ocasiona el frío propio de estas fechas, pero con el reconfortante calor humano que la solidaridad y el amor fraterno proporcionan, este pueblecito toledano demostró una vez más que lo más bello de la vida se abriga en la alegría compartida con sonrisas, y en pacífica convivencia se bailó hasta la madrugada y se comieron las tradicionales migas con que la simpática peña El Porrón obsequió a todos los convecinos.

YA (Toledo y provincia). 3 enero 1981

A partir de entonces esta prueba se convirtió en una tradicional costumbre de ámbito estrictamente local, hasta que en el año 1997 debido a un gran impulso de sus organizadores, la Peña el Porrón y el Ayuntamiento de Novés con el apoyo de la empresa INDAS, S.A. como patrocinador, atrajo la participación de atletas no solo de la región sino de otras comunidades vecinas como Madrid y tan lejanas como Galicia, consiguiendo la inscripción de casi 500 atletas en ese año.

La San Silvestre Novesana entra en el Circuito Regional de CLM

LA TRIBUNA. 18 diciembre 1998

El éxito de esta prueba, rebautizada como San Silvestre Novesana, ha sido imparable hasta el punto de superar el millar de participantes y convertirse en una cita obligatoria a nivel nacional para todos los atletas de cross.

De la Ossa ganó la San Silvestre Novesana en sénior

La prueba triplicó el número de atletas de 1997

La Tribuna

Juan Carlos de la Ossa Yunta, del Club Atletismo Trillo-Tarancón, logró el primer puesto en la categoría reina de la X San Silvestre Novesana -sénior masculino-, mientras que Sonia Ruiz Hamaror, del Club Atletismo Mi Zuma, venció en sénior femenino.

Por su parte, Fernando Alvarado Cámara, del Club Atletismo Interbroken-Bikila de Toledo, y Jesús Alvarado Cámara, también del Club Atletismo Trillo-Tarancón, quedaron segundo y tercero respectivamente en sénior masculino, y fueron Palmira Amor Blázquez, del Club Interbroken-Bikila, y Ascensión Fernández Fernández, del Club Polideportivo La Roda, las que se alzaron con la plata y el bronce en sénior femenino.

Con un éxito rotundo en todas las categorías, en conjunto 1.321 atletas, la décima edición de la San Silvestre Novesana

Rodríguez.

A pesar de que por primera

De los 1.321 participantes, terminaron la prueba un total de 808 corredores.

Un total de 50 clubes participaron en las 19 categorías de la

quedó en primer lugar y Pablo López Sánchez Rey, de Valde-

LA TRIBUNA. 21 diciembre 1998

Desde el año 1999 la prueba novesana incluye en su programa una competición de marcha atlética.

La participación en la San Silvestre Novesana la confirma como la 3ª del circuito regional

LA TRIBUNA. 19 diciembre 1999

Antonio Serrano no dio tregua a sus rivales

"Paquillo" confirmó el pronóstico y se llevó la marcha de calle 1.1.

Serrano reinó en Novés

"Paquillo" y Mónica Ballester ganaron la marcha, y Ana Belén Bernalte el cross femenino

LA TRIBUNA. 17 diciembre 2001

No cabe duda que esta competición ha marcado un antes y un después de la práctica del deporte en Novés pues casi cumplido el primer tercio del siglo XXI sigue gozando de gran popularidad y ha sido el germen del origen del Club de Atletismo Novés el cual ya ha obtenido notables resultados.

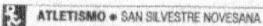

ATLETISMO • SAN SILVESTRE NOVESANA

Miguel Vera obtiene la segunda plaza

La San Silvestre Novesana se saldó con los triunfos de Galán y García Bragado

El atletismo Iván Galán y el albaceteño madrileño Jesús Ángel García Bragado fueron los vencedores en las pruebas de campo a través y de marcha, respectivamente, de una San Silvestre Novesana que reunió ayer a unos 150 atletas en todas las categorías. Miguel Vera (CCM, Diputación Ciudad Real) fue segundo en la categoría primera.

La cuarta carrera de circuito reportar de cross servir porque el atletismo de Castilla-La Mancha se dará cita un nueva en un clima que durante año se está convirtiendo en uno de los de mayor importancia en la región.

La localidad toledana de Novés, de unos 1.600 habitantes, se volcó con esta prueba y dio cobijo a atletas venidos de todo el panorama nacional, destacando una representación gallega que escribió el valor de todos los madarios y castellano-manchegos.

García Bragado, campeón de España y del Mundo en los 50 kilómetros aspecto, aprovechó las estaciones descalificaciones que se dieron en Novés, para alzarse con el primer puesto, por delante de Sergio Carballo y Francisco González Martín, segundo y tercero, respectivamente.

El madrileño repitió victoria en la localidad toledana, donde se impuso en 2000, venciendo el año pasado "Paquillo" Fernández, tercero en esta ocasión.

Bragado impuso su calidad en los más de 3 kilómetros. En la prueba femenina, Mónica Ba-

...ser de que al final entraron en meta unos 750 atletas, de los 1.500 previstos. Novés es una concentración en sus referencia a todos los niveles.

El principal hándicap con el que se encontraban los atletas a lo largo de todo el recorrido fue el barro, que hizo que los abandonos fueran más numerosos en las más de cuatro horas de atletismo que se vivieron.

El público acompañó a los atletas a lo largo de todo el recorrido

La participación en esta edición fue más numerosa...

LA TRIBUNA 16 diciembre 2002

ATLETISMO XV CROSS Y V MARCHA SAN SILVESTRE NOVESANA

Novés celebra su XV San Silvestre de cross y marcha con un gran cartel en ambas pruebas

Paquillo Fernández y García Bragado, entre los marchadores ►Iván Galán, en el barro

Bragado, a la derecha, es un habitual en Novés.

ISMAEL DEL PRADO / TOLEDO
La localidad toledana de Novés se convierte hoy en el punto neurálgico del atletismo de la región con la disputa de la San Silvestre Novesana. La cita contará con dos versiones: marcha y cross.

Por la primera de ellas, el cartel es de auténtico lujo, ya que no faltarán dos estrellas de este deporte, como Jesús Ángel García Bragado y Paquillo Fernández. Ambos son el máximo exponente de una prueba que siempre ha sido pupila para los españoles. De hecho, no sería exagerado asegurar que ellas representan a la elite de...

la especialidad en Europa. La prueba, El horario contará con el aliciente de disputarse al mismo tiempo que las diversas carreras de cross. Y es que desde las 10 de la mañana se podrá disfrutar del desarrollo de cada categoría.

CROSS DURO. No obstante, a pesar de la calidad de la marcha atlética, la prueba estrella será la verdadera matutina de cross. El evento, que según los organizadores será de gran dureza por la dificultad del barro. El circuito discurre por terrenos de sembrío, contará con Iván Galán y Pablo López.

LA TRIBUNA 21 diciembre 2003

LA TRIBUNA. 19 diciembre 2005

FÚTBOL

No sería justo olvidar el deporte más popular que se ha practicado en Novés desde mediados de siglo XX.

A pesar de ello, poco puede decirse sobre el fútbol en Novés. Las informaciones más abundantes que se han publicado en la prensa son tardías –último tercio del siglo XX– y se refieren fundamentalmente a resultados y clasificaciones de las distintas temporadas en las que ha competido.

Para no abrumar con números y datos estadísticos que poco o nada aportan a nuestra curiosidad, haremos un breve resumen sobre el club de fútbol Novés.

Se desconoce el año de su fundación. Hay constancia de que ya se jugaba en los años 30 y 40 del siglo XX, pero es de suponer que los inicios se remonten a finales de los años 20 casi con toda probabilidad.

Año 1950. (Foto. «Novés: Estampas de ayer y hoy». II tomo).

La fotografía más antigua que hemos podido conseguir corresponde a los años 50. En esa época no había campo de fútbol «oficial» y se jugaba en la cañada, en donde se habilitaba un terreno de juego.

En el año 1967 se inauguró oficialmente el primer campo de fútbol reconocido como tal llamado el Algollón, por estar ubicado junto al camino del mismo nombre.

En esa época se participaba en competiciones de ligas que no estaban oficialmente reconocidas del todo por la Federación Española de Fútbol. En todo caso eran competiciones de las categorías más bajas. También se hacían desplazamientos a pueblos vecinos para competir en distintos campeonatos locales que se organizaban resultando ganador en algunos de ellos.

Inauguración del campo Algollón. Año 1967.
(Foto. «Novés: Estampas de ayer y hoy». II tomo).

A partir de 1985 la Junta de Castilla-La Mancha asumió la competencia de la Federación de Fútbol y se comenzó a participar en la competición oficial castellano manchega en la categoría de segunda regional. En 1987 se ascendió a Primera Regional, después conocida como Primera Autonómica, que es en la que participa actualmente.

Ascenso a Primera Autonómica. Año 1987.
(Foto. «Novés: Estampas de ayer y hoy». II tomo).

En los pasados años 90 se construyó un nuevo terreno de juego mejorando las instalaciones y condiciones de las que se disponían anteriormente. Bautizado con el nombre de campo de fútbol San Miguel está situado a las afueras del pueblo junto a la carretera de Caudilla.

Ya en el siglo XXI, sus instalaciones han sido mejoradas sustancialmente y actualmente el campo está dotado de gradas, vestuarios, marcador electrónico, césped e iluminación artificial y ha sido ampliado con pistas de pádel y baloncesto.

¡CAMPEONES!

El Betis Balompié (Siegen), vencedor del Torneo (Westfalia)

En las últimas semanas ha venido desarrollándose en Westfalia un Campeonato de fútbol, en el que todos los equipos participantes (nueve en total) estaban formados por trabajadores españoles residentes en estos lares. Vencedor del mismo —y en la fotografía que pone pie a este reportaje se ve al delegado del club recibiendo el trofeo conquistado—ha sido el equipo español de la localidad de Siegen, que se llama nada más y nada menos que Real Betis Balompié de Siegen.

Este equipo fue fundado ya hace algún tiempo por su actual secretario, don VICENTE GARCÍA PARRA, con el que ahora comparten las tareas directivas estos compatriotas: JOSE ALARCON ROMERO (presidente), RAFAEL SANCHEZ (vicepresidente), ELADIO MORAN FALAGAN (tesorero) y JOSE GONZALEZ (vocal), siendo presidente de honor de la entidad el capellán don JOSE MARIA CASTAÑO y vicepresidente honorífico el asistente social don LUIS MESA.

El técnico que ha llevado al triunfo al equipo es JOSE GARCIA OCHANDO, entrenador que cuenta con una amplia plantilla, por decirlo en puros términos deportivos. Capitán de las huestes es VICENTE GARCIA, natural de MADRID. Y el resto de los jugadores, titulares y suplentes al alimón, también se los vamos a relacionar a ustedes, principalmente para que sus familiares sepan de esta hazaña deportiva, y consignando el lugar español de procedencia, para que convecinos sepan también de los éxitos deportivos de estos que emigraron del pueblo o la ciudad ya hace algún tiempo, dedicándose además de a ganarse el pan nuestro de cada día, a dar las patadas suyas de cada domingo por la mañana, o por la tarde si hace al caso.

MARCIAL AGUERA MATOS (CADIZ), AGUSTIN SANTIA-

GO JIMENEZ (LA CAROLINA, Jaén), JOSE LUIS SANCHEZ HIERRO (ALGECIRAS), JUAN CRUZ LANDA (MOTRICO), JOSE MORCILLO SALGUERO (CALAMONTE, Badajoz), FRANCISCO CASAS CALVENTE (LA LINEA), ELADIO MORAN GARCIA (PALACIOS DE BOLLUERNO, León), ALEJANDRO CORDERO PLAZA (LA CORUÑA), DIEGO SIMON GARRIDO (ALICANTE), JOSE MORAN GARCIA (ZAMORA), JOSE LUIS DIAZ FERNANDEZ (SEVILLA), JOSE LODEIRO SALGADO (MADRID), AUGUSTO BARROS DEL PUERTO (PONFERRADA), MANUEL MESA LOPEZ (BEAS, Granada), JUAN RAMIREZ ASENSIO (SEVILLA), JUAN AGUSTIN GARDUÑO (SALAMANCA), CRISANTO GOMEZ RODRIGO (NOVES, Toledo), PEDRO MARIN (VALENCIA), ANTONIO GONZALEZ FERNANDEZ (MERIDA), GONZALO HERNANDEZ TORRES (VALLADOLID), FRANCISCO RIOS GIL (CIEZA), FRANCISCO GONZALEZ VICENTE (PELARODRIGUEZ, Salamanca) y JUAN PERAGON MARTINEZ (JAEN), son los hombres que, procedentes de las más diversas regiones españolas, se han agrupado todos bajo el pabellón del equipo denominado Real Betis Balompié en Siegen (Alemania), no sólo para buscarse una sana diversión, sino incluso para demostrar que en esto de meter goles al contrario y no encajarlos del rival ellos son todos unos campeones. De ahí el título recién conseguido, por el que se les felicita, a la vez que con este breve reportaje se da cuenta a los familiares y amigos de todos los citados que por el momento ellos siguen sin novedad en Centroeuropa.

SIETE FECHAS. 27 diciembre 1966

CURIOSIDAD.– Un equipo de fútbol de emigrantes en Alemania, donde aparece un novesano.

SUCESOS

UN SUICIDIO EN TORRIJOS

El día 14 de este mes, y en el kilómetro 85 de la línea de Madrid, Cáceres y Portugal, fué encontrado por la guarda barrera del paso á nivel de la carretera que de Torrijos va á Gerindote, el cadáver de un hombre destrozado completamente por el tren.

Practicadas las averiguaciones necesarias por el Juzgado de aquella cabeza de partido y la Guardia civil, se dedujo que se trataba de un suicidio; que el que tomó tan fatal resolución se llamaba Pablo del Alamo Rodríguez, de 19 años de edad, soltero y vecino de Novés; que el tren que lo arrolló fué el ascendente número 51 de mercancías que pasa por aquella estación á las doce y cincuenta y siete minutos de la madrugada, sin que viese nadie el cadáver hasta la mañana, y que el único móvil que pudo inducirle á tomar tan fatal resolución, fué que el día antes *picó* unas mulas de la casa donde estaba de sirviente y que fué amonestado por el dueño de éllas.

LA CAMPANA GORDA. 22 marzo 1900

El 19 del actual, en la carretera en construcción de Novés á Santa Cruz del Retamar y sitio llamado Arroyo de San Juan, del término de Portillo, cuatro obreros que abrían zanjas para las alcantarillas quedaron sepultados por el desprendimiento de una gran mole de tierra. De dichos obreros fué extraído muerto Raimundo Barajas, cuya viuda ha quedado en cinta y con dos hijos. Suponemos que, con arreglo á la ley de accidentes del trabajo, el contratista de la carretera indemnizará á la familia del infeliz Barajas y á los demás trabajadores damnificados.

EL IMPARCIAL. 28 septiembre 1901

—En la madrugada de ayer se cometió un horrible crimen en Val de Santo Domingo.

Un zagal de ovejas, natural de Novés, de diecisiete años, riñó el día anterior con el mayoral Faustino Recio y para vengarse esperó ayer á que éste estuviese durmiendo, para dispararle dos tiros de pistola, quedando Recio muerto en el acto.

El agresor, convicto y confeso, ha ingresado en la cárcel del partido.—*Relanzon.*

EL IMPARCIAL. 18 julio 1905

Terrible tormenta.

Telegrafían de Toledo que en el pueblo de Noves descargó ayer una tremenda tormenta, que causó gran pánico en todo el vecindario, especialmente en los labradores, que vieron en gran peligro sus cosechas.

Los relámpagos y truenos, acompañados de un enorme aguacero, se sucedían incesantemente, viéndose confirmados, en parte, los temores de los labradores.

Los sembrados de algunos han quedado destrozados, siendo otros muchos los daños causados por la tormenta que allí descargó.

Nuevas noticias dicen que varias chispas que cayeron han matado á un hombre y herido gravemente á otros.

El pueblo de Noves, está consternado ante tanta desgracia.

EL ADELANTO. 3 junio 1907

En Novés ha aparecido una plaga en los trigos especie de insecto, desconocido hasta el presente, que ha llevado la perturbación al ánimo de los labradores.

Los ya viejos, recuerdan que hace unos cuarenta años se presentó la misma epidemia, que hubo de desaparecer merced, sin duda, á las inclemencias del tiempo.

LA TARDE. 29 enero 1909

La plaga de los trigos.

Desde el mes de Diciembre del pasado año he recibido noticias de que en Tembleque, Villanueva, Novés, Carriches, Santa Olalla y otros puntos de la provincia, se hallaban atacados los trigos de una enfermedad que los «aporretaba y secaba» en grandes extensiones. Pero hasta el pasado Enero no conseguí ejemplares ni noticias exactas, que me enviaron, en primer lugar, el Farmacéutico de Carriches Sr. Sánchez Cabezudo y el Diputado provincial Sr. Hierro.

Lo que particularmente contesté á estos y otros señores, creo útil ampliarlo y darlo á conocer á los labradores de la provincia toda, que según mi cálculo tienen plagados un tercio de sus trigales.

La plaga de *la seca*, pues así es conocida en Castilla la Vieja desde hace muchos años, es causada por una especie de mosquito —mayor que mosca— perteneciente al orden de los *dípteros*, en el grupo de los *nemoceros* por sus anteres; cuernecillos largos, y llamada por los entomólogos *cecidomya destructor*, que no considerarán exagerado nuestros labriegos al contemplar la verdadera destrucción de sus sembrados. Existiera ó no como insecto aislado, lo cierto es, que como plaga, ha sido descrita primero por los yankis, que la llamaron *Hessiam Fly* ó mosca de Hesse, y como tal, ha sido estudiada en Europa desde 1886, y en España desde diez años más tarde, que ocasionó la pérdida del tercio de los trigos en Valladolid y Palencia, y de cuya plaga publicó, el que esto firma, un artículo en *El Cantábrico*, y dió magistral cuenta el Ingeniero Sr. Herrero, que realizó su estudio.

EL HERALDO TOLEDANO. 19 febrero 1909

VALMOJADO
Por no pagar la «ronda».

Aquilino Recio es un joven de Novés, que tiene relaciones amorosas con Dionisia Rodríguez, agraciada muchacha de esta localidad, y ayer noche, cuando estaba hablando con ella en la reja, se acercaron los mozos Guillermo Gómez, Florentino López, Martín Varas, Juan Moragón, Jesús López y Sabino Alenco, diciendo al Aquilino que pagara la «ronda», por tener la novia en pueblo forastero.

Aquilino se negó á ello, por entender que era mucho lo que le pedian, en vista de lo cual, los mozos la emprendieron á golpes con él, sin hacer caso de los lamentos que lanzaba la pobre novia al ver tendido tan bárbaramente á su Don Juan.

Los «cabileños» fueron detenidos por la Guardia civil, quien los puso á disposición del señor juez, no sin antes recoger un revólver al Guillermo, con el que había amenazado al tan mal parado enamorado.—C.

UNA MUJER MUERTA

A las siete y media de la tarde de ayer se desarrolló un sangriento suceso en la Cuesta de la Vega.

Por esta vía caminaban discutiendo, una vendedora de naranjas, llamada Rosa Rodríguez Alamo, de treinta y siete años de edad, natural de Noves (Toledo), y Antonio Cabanas Miralles, de veinticuatro años, sujeto de pésimos antecedentes.

De súbito, y sin que pudieran evitarlo los transeúntes, el hombre sacó un tremendo cuchillo, hundiéndolo repetidas veces en el cuerpo de la naranjera, que cayó al suelo bañada en sangre.

Avisada telefónicamente la Casa de Socorro del distrito, los médicos que acudieron al lugar del suceso certificaron la muerte de la víctima.

Una de las puñaladas la había atravesado el corazón.

El agresor, una vez consumado su delito, huyó rápidamente, refugiándose en su domicilio, calle de Bernabé, núm. 20, 3.º, en donde vive en compañía de su padre, haciéndole entrega á éste del cuchillo, y relatándole cuanto había realizado.

EL DEBATE. 24 marzo 1915

Talas de árboles

¡Y cargados de fruto!

Varios vecinos, jornaleros en su mayor parte, del pueblo de Novés (Toledo) se dirigen a nosotros dándonos cuenta de un hecho desde luego lamentable y que es preciso aclarar.

Dicen que en el Juzgado de Torrijos, al que Novés pertenece, se ha seguido y fallado un pleito sobre declaración de incapacidad de uno de sus convecinos. Sobre esto no diríamos nada, porque como el asunto está en tramitación, en su día a fallar los tribunales de justicia. Pero es el caso que agregan nuestros comunicantes que se ha instruído un expediente gubernativo en Toledo autorizando para «que se arranque el arbolado de numerosos olivares que constituyen la fuente principal de riqueza de los bienes del presunto incapaz y del pueblo.»

Los vecinos de Novés se quejan y protestan, con razón, de la tala de los olivares del pueblo.

Decimos que con razón, y no hay que detenerse a demostrarlo. Ello es que así sucede en muchos sitios de España, que para servir intereses particulares se producen perjuicios generales, muy difíciles, cuando no imposibles, de remediar.

Nos dirigimos al ministro de la Gobernación para que transmita al gobernador de Toledo nuestra protesta.

Apena a los que nos escriben ver cómo caen al suelo al golpe del hacha frondosas olivas cargadas ya de fruto.»

Esto no puede tolerarse. Es de urgencia inaplazable que se suspendan esas talas, que, sin miedo a parecer demasiado duros, pueden muy bien calificarse de bárbaras.

LA ACCION. 1 septiembre 1919

LO OCURRIDO EN NOVÉS

Para que los hechos queden ajustados al molde de la verdad y desaparezcan las impresiones dadas por el aguafuerte de informaciones apasionadas, lo ocurrido en Novés no tiene más importancia que la derivada de un hecho muy corriente. El día 4 del actual dió á luz una mujer, y por consecuencia del trance falleció á las doce ó catorce horas; fué asistida por la familia y la consabida partera, que no vieron el peligro de la paciente hasta dos ó tres horas antes de expirar. En esta situación decidió la familia dar aviso á los médicos; pero ellos, aprovechando la hermosura de la tarde, habían salido en bicicleta á dar un paseo llegando á Torrijos, mas dejando hecha la visita como de ordinario, sin dejar enfermos graves. En este intermedio, la familia aludida pretendió llamar á los médicos que nada sabían de este caso, y cuando regresaron acudieron presurosos al cumplimiento de sus deberes, encontrando en período de muerte á la doliente. La familia interpretó la falta de los médicos como un delito, prorrumpiendo contra los mismos, con toda clase de insultos y dicen que llegaron al terreno de las amenazas.

Al siguiente día del acto, del entierro fué una manifestación tumultuosa, durante el cual se dieron gritos contra los médicos y contra las autoridades; éstas, presenciaron lo ocurrido con la calma que el caso requería, pero, extendida la protesta por el vecindario y sospechando las autoridades que otros elementos, extraños á la familia, pretendían impulsar á la excitación de ánimos, y, visto el revuelo formado, dieron aviso á la Comandancia de la Guardia civil de la demarcación, y conferenciaron con la familia doliente y con los citados médicos adoptando toda clase de medidas para contener los ánimos, procurando ante todo dar seguridades de estabilidad á los médicos. Reunido el Ayuntamiento en sesión extraordinaria, acordó entre otras medidas que pasase á Toledo una Comisión compuesta del alcalde, dos concejales y el secretario para visitar al señor gobernador y exponerle los hechos con más amplitud que lo habían hecho por oficio que previamente dirigieron á dicha autoridad.

Constituida la Comisión ante el señor gobernador interino, y expuestos los motivos, vale soluciones para el conflicto, que no fueron otras que las de mandar á la Comisión pasase al Colegio Médico, donde este organismo reunido esperaba á la Comisión; expuestos los hechos con todo género de detalles, atendidos cortésmente por su digno presidente y de mutuo acuerdo, cruzáronse ofrecimientos de concordia en bien de todos. Reforzadas las garantías del orden con el acuerdo de fuerzas del benemérito

Instituto y por estas se ha formado· el atestadó correspondiente, cuyo trámite y curso desconocemos, el pueblo está tranquilo, y la familia doliente, los médicos hacen normalmente su visita diaria y aquí no ha pasado nada. Ahora esperamós la actitud sensata del Colegio Médico que sabrá atemperar sus resoluciones (...) á medida de las circunstancias.

EL CASTELLANO. 16 marzo 1921

TRIBUNA LIBRE

¿Qué pasa en Novés?

Sr. Director de EL CASTELLANO.

Muy señor mío y de mi distinguida consideración: Para aclarar un suelto publicado en EL CASTELLANO bajo el título de «¿Qué pasa en Novés?», escribí oportunamente un artículo, que usted tuvo la bondad de publicar, en el que explicaba lo sucedido, aunque callando algo que la prudencia me aconsejó omitir. Todo parecía terminado y el asunto quedaba reducido á buscar nuevos médicos; pero, desgraciadamente, han surgido complicaciones, de las que estimo debe tener conocimiento el público para que juzgue la conducta de cada cual.

Seguramente que nadie aplaudirá la conducta de los médicos dimisionarios, que, en vez de presentar sus dimisiones con treinta días de anticipación, según estipula la condición de su contrato con el Ayuntamiento, la presenta- ron con sólo diecisiete, y se ausentaron del pueblo sin despedirse siquiera del alcalde, ni entregarle lista de los enfermos que quedaban sin asistencia médica, no olvidándose, en cambio, de cobrar diez pesetas por cada visita facultativa hecha el día de su desaparición.

También conviene consignar que no salieron solos del pueblo, sino acompañados por la Guardia civil, como si tuvieran algo que temer de un pueblo que no ha cometido otra falta que la de ser hospitalario con sus médicos.

Todo el pueblo, sin diferencia de matices políticos, apreció con unanimidad tal conducta, y con gran premura se formaron comisiones para buscar nuevos médicos. Gran dicha fué hallar propicio para ejercer sus sentimientos humanitarios al ilustre médico D. Jerónimo Sanmiguel, que entonces hacía de presidente de la Junta de médicos del distrito, y que nos envió á su hijo Jerónimo para que prestase asistencia médica á los trece enfermos que habían quedado sin más amparo facultativo que el de los practicantes señores Faisano, Caro y Rincón, á quienes es de justicia tributar un aplauso por su admirable comportamiento.

Pero, ni el Sr. Sanmiguel, ni el pueblo de Novés, contaban con la oposición de los señores médicos asociados, que para permitir que no se dejase morir á nuestros enfermos, exigieron al Sr. Sanmiguel fianza de pagar 50 pesetas diarias á la Junta de médicos del distrito. Pero podemos consolarnos de aquella imposición, ya que ahora se exigen 100 pesetas diarias, 50 para la Asociación y 50 para el médico que la referida Junta de distrito quiera designarnos hasta que tengamos médicos que ocupen la plaza en propiedad. Total, cuarenta días..... y 4.000 pesetas.

En obsequio de la brevedad omito otros detalles; pero creo que los expuestos basten para que los lectores se formen cabal juicio de lo que ha sucedido en Novés y sepan de qué lado está la razón.

Lo que no quiero omitir es que el pueblo en masa aclama á los Sres. Sanmiguel, por su hidalga conducta y que jamás olvidará la generosidad y alteza de miras con que han procedido, á cambio de las cuales se ha desencadenado contra ellos la guerra de sus compañeros de Asociación.

Es de esperar que la junta central de los señores médicos de Toledo no se haga solidaria de los inmotivados acuerdos de sus compañeros de Torrijos, y que les haga comprender que no es por ese camino por donde se llega á la armonía que debe reinar entre los pueblos y los médicos para beneficio de todos.

Con gracias anticipadas por la inserción de esta carta, se repite de usted afectísimo seguro servidor,

q. b. s. m.,

LEOPOLDO GASCON

EL CASTELLANO. 18 abril 1921

DE NOVES

Hace unos días se dió aviso al presidente de la Comisión de la «Cruz Roja», D. Leopoldo Gascón, se hallaba en un sembrado, á un kilómetro aproximadamente de distancia del pueblo, una niña recien nacida. Recogida la criatura por la Cruz Roja, fué reconocida por los médicos, que comprobaren que de haber permanecido abandonada unos momentos más habría sucumbido. Varias personas caritativas—entre las cuales merecen citarse en primer lugar la señora de D. Rogelio Alonse y la de D. Mariano Care,—aportaron ropas y otras cosas precisas.

Después de varias pesquisas del Juzgado, han sido descubiertos los padres de la criatura, y el señor juez dispuso que les fuese entregada la recién nacida.—L. G.

EL CASTELLANO. 19 mayo 1921

EL CRIMEN DE NOVÉS

¿Asesinado por sus hijos?

TOLEDO 29 (2 t.).—Se conocen nuevos detalles del hallazgo de un cadáver en un pozo del pueblo de Novés.

La víctima es el vecino Martín Puente Aguado, viudo, de sesenta y cinco años, y rico labrador.

Tiene una herida en el brazo izquierdo, que le fué producida con un cuchillo que apareció junto al cadáver.

Este fué arrastrado hasta el pozo, y allí se le arrojó aún con vida.

Las autoridades aseguran que Martín fué sorprendido en su lecho por el criminal.

Han sido detenidos los hijos del muerto Santos y Eugenia, de diez y ocho y veinte años de edad, y los yernos, Rufino y Pablo, porque hay muchos cargos contra ellos.

El pueblo está indignado.

EL SOL. 30 marzo 1922

CAIDA GRAVISIMA

La Guardia civil del puesto del Puente de Segovia comunicó anoche a la Dirección de Seguridad que en el kilómetro 9 de la línea del ferrocarril de Villa del Prado fué encontrado, tendido en la vía y en estado muy grave, un anciano, quien fué llevado a Alcorcón, donde se le prestó asistencia facultativa.

El anciano se llama Nicolás Moreno Avila, de setenta años de edad, natural de Noves (Toledo), y, según parece, se dedica a la venta ambulante por los pueblos de aquella comarca.

Se supone que el anciano se cayó por un terraplén, yendo a quedar junto a la vía en el estado en que se le encontró.

LA LIBERTAD. 1 abril 1924

Vuelco de un automóvil.—Un muerto y dos heridos gravísimos

Toledo 16. —Cerca de Valmojado, en la carretera de Extremadura, se precipitó por un terraplén de siete metros de altura un automóvil de viajeros que hace el recorrido de Madrid a Noves (Toledo), quedando destrozado.

A consecuencia del accidente resultaron con heridas gravísimas el cobrador del vehículo, Dionisio Pérez Rodríguez, de cincuenta y un años, y Pedro Rodríguez Vázquez, vecino de Guadalupe.

La Guardia civil prestó auxilios a los heridos.

El conductor del automóvil, Federico Sanz Martín, de veintitrés años, vecino de Madrid, murió de resultas de las heridas recibidas.

El vuelco lo motivó una avería sufrida en la dirección del auto.

EL IMPARCIAL 17 junio 1926

Por el camino de Villaverde y con dirección a Madrid venían los obreros Santos Mora Lorenzo, de diecisiete años, natural de Badajoz, que habita en el parador de Ricardo Ferrando, y Alejandro del Moral Sánchez, de cuarenta y un años, natural de Novés (Toledo).

Al llegar al kilómetro 7 de la carretera de Andalucía discutieron acaloradamente por cuestiones del trabajo, y terminaron agrediéndose mutuamente.

Recogidos por varios transeuntes fueron trasladados a la Casa de Socorro del Puente de Toledo, donde el médico D. Julio Zamora y el ayudante D. Bernardo Albazán procedieron a curarlos.

El primero tenía una herida contusa, de tres centímetros de extensión, en el parietal derecho, de pronóstico reservado, y el segundo, tres heridas contusas en las regiones frontal, frontoparietal izquierda y parietal derecha, otras contusiones y conmoción cerebral, de pronóstico grave.

— ● —

EL HERALDO.
24 octubre 1930

A primera hora de la noche del domingo, en la estación del "Metro" de la plaza del Progreso, cuando llegaba un tren, se arrojó a la vía una mujer, a la que ninguno de los allí presentes pudo detener ni prestarle el menor auxilio.

Tampoco el conductor pudo detener el tren, que arrolló a la desventurada.

Conducida rápidamente a la Casa de Socorro de la calle de Santa Isabel, nada pudieron hacer los médicos de guardia, pues la víctima había ingresado cadáver. La Policía logró identificar a la suicida, que se llamaba Prudencia Alonso del Álamo. Tenía treinta y cuatro años de edad, era natural de Novés (Toledo) y vivía en la calle del Mesón de Paredes, 42, primero derecha. Ignóranse las causas que la impulsaron a tomar su trágica determinación.

AHORA. 7 abril 1936

Un huevo que pesa 250 gramos

Toledo, 27.—En Novés una gallina ha puesto un huevo del tamaño de una naranja grande que pesaba 250 gramos. Roto éste, que presentaba una cáscara de gran dureza, apareció dentro otro huevo, el cual tenía la cáscara más dura, hasta el punto de que fué necesario darle un golpe fuerte para abrirlo. Dentro tenía dos yemas. La gallina murió a la media hora de poner el huevo. Esta ave había puesto varias veces huevos de dos yemas.— Cifra.

DIARIO PUEBLO. 29 junio 1944

Perece atropellado cuando iba en auxilio de su hermano

MADRID.—Un hombre resultó muerto y su hermano herido en dos accidentes de tráfico, ocurridos con muy pocos minutos de intervalo, a la altura del kilómetro 7.700 de la carretera de La Coruña, en la cuesta de las Perdices. El que después resultó muerto se dirigió a toda prisa a aquel lugar después de tener conocimiento de que su hermano había sufrido un accidente. Llegó hasta allí en la motocicleta de un amigo suyo que se ofreció a acompañarlo hasta el lugar donde les dijeron que había ocurrido el suceso. Al llegar se apeó inmediatamente de la moto el hermano del accidentado y, al ir a cruzar la autopista, pues el choque de vehículos había ocurrido en la banda contraria, con dirección a La Coruña, fue atropellado por un turismo.

Angel Pérez del Alamo, de treinta y cinco años, natural de Novés (Toledo), que así se llama la víctima, habitaba en Pozuelo de Alarcón, calle de la Oliva, 5, fue atropellado por el turismo y salió despedido a la banda contraria de la carretera. En gravísimo estado fue trasladado al sanatorio de La Concepción.

DIARIO DE AVILA. 23 septiembre 1965

Cayó por un terraplén de 130 metros
El conductor resultó gravemente herido

En el kilómetro 23,180 de la carretera N-403 (Toledo a Valladolid), en el término municipal de El Barraco, el camión matrícula TO-7.946-B, que conducía don Pablo Mariano Fernández Hernangómez, de 40 años, vecino de Noves (Toledo), se salió de la carretera y cayó por un terraplén de ciento treinta metros de altura. Su conductor y único ocupante resultó con heridas de gravedad, al salir despedido del vehículo, siendo trasladado a la clínica de Santa Teresa de nuestra capital.

Practicó las diligencias oportunas el equipo de Atestados de la Guardia Civil de Tráfico del Subsector de Ávila.

La fotografía de nuestro compañero MAYORAL nos muestra el estado en que quedó el camión.

DIARIO DE AVILA. 16 junio 1975

SUCESOS. – MUERE OTRO SOLDADO POR LA EXPLOSIÓN DE UNA GRANADA. Madrid.

El soldado Eduardo Nuero Chillón falleció en la tarde de ayer en el hospital San Juan, de Reus, donde se encontraba ingresado tras resultar herido en la explosión de una granada en el campamento de Castillejos (Tarragona) según informaron a ABC en la Capitanía General de Barcelona. El soldado era natural de Novés (Toledo) y e la explosión había sufrido heridas en el hígado y fractura de pierna. Se da la circunstancia de que a última hora de la tarde de ayer, pese a la nota del Gobierno Civil que comunicaba su fallecimiento, el parte médico señalaba una mejoría en su estado.

ABC. 14 julio 1983

Muere un hombre aplastado por una pala de un tractor

EFE

TOLEDO

Un hombre de 41 años, A.D.F, ha resultado ayer muerto en un accidente ocurrido mientras trabajaba en la finca San Silvestre de Novés (Toledo) al ser aplastado por la pala de un tractor. Según informó ayer la Delegación del Gobierno en Castilla-La Mancha, este hombre, vecino de Novés, resultó muerto cuando cargaba remolacha en un tractor y debido a un fallo mecánico quedó atrapado entre la pala y los neumáticos anteriores del vehículo.

LANZA. 23 febrero 1998

PUBLICIDAD

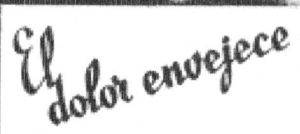

UN PLEITO RUIDOSO

Mucha expectación fue la que despertó un pleito por la disputa sobre una herencia de un rico propietario de Novés debido a su condición de incapacidad.

El asunto no es nada nuevo, ni seguramente será el último. El abuso contra los más débiles es algo que siempre ha sucedido y seguirá sucediendo porque desgraciadamente no tiene visos de desaparecer a pesar de que deja al descubierto, y a la vista de todos, el aspecto más bajo y despreciable de la condición humana.

Lo primero es conocer al protagonista de esta historia.

La fortuna de un incapaz

En el pueblo de Novés (Toledo) vivió durante muchos años una familia compuesta de seis hermanos, de los cuales el menor fué siempre considerado como imbécil.

A Tomás Martín—que así se llama el protagonista de este pleito—conocíanlo en Novés por «Tomasito el tonto», y cuentan que, al aproximarse las fiestas del pueblo, «Tomasito» salía por las calles haciendo como que tocaba el tambor, remedando la banda de música, y cantando una letanía pintoresca, con invocaciones de esta índole:

«Santo caballo de mi hermano Vicente, con la cola blanca, ora pro nobis.»

LA ACCIÓN. 10 marzo 1920

Tomasito «el tonto», junto a un hermano enfermo quedaron como únicos herederos de una familia numerosa poseedora de un patrimonio nada despreciable.

Dada la avanzada edad de Tomás y a la enfermedad de su hermano, un pariente lejano residente en Talavera de la Reina les ofreció ayuda, pero sus intenciones eran otras, hacerse beneficiarios de la herencia de los dos hermanos. Otros parientes distintos, más cercanos y residentes en Novés, promovieron declarar la incapacidad de Tomás para evitarlo. ¿Quizás se sintieron discriminados? ¿Tal vez olvidados?

Las desavenencias entre los dos grupos de familiares terminaron en el Juzgado de Torrijos, que en primera instancia declaró la incapacidad de Tomás, pero hubo recurso de apelación de la otra parte.

Todo el proceso se entiende mucho mejor en el amplio artículo que publicó la prensa y que se reproduce literalmente a continuación para la mejor comprensión del caso.

TRIBUNALES. – LA INCAPACIDAD DE UN RICO.

TRASCRIPCIÓN LITERAL

La Sala segunda de lo civil de la Audiencia ha señalado la vista de la apelación interpuesta contra la sentencia dictada por el Juzgado de primera instancia de Torrijos que declaró la incapacidad por imbécil de D. Tomás Martin Fernández Gaytán y Bolonio, acaudalado vecino de Novés (Toledo).

Este pleito se ha seguido y se sigue con verdadera curiosidad en la provincia de Toledo pródiga en ruidosas contiendas forenses como la que recientemente motivó el testamento de la condesa de Bornos.

El caso judicial que en la actualidad se debate tiene también gran importancia pues aunque el capital del incapacitado no se eleva a la fabulosa suma que constituía la herencia de la fallecida aristócrata, constituye una hacienda respetable de la cual se han vendido más de cien fincas rústicas a bajo precio.

La demandante en el litigio es doña Hipólita Bolonio y Portillo, prima carnal de D. Tomás Martin. La dirige un letrado de grandes merecimientos que lleva una carrera triunfal en el Foro, D. José María del Sol y Jaquotot quien inició y ganó el asunto en primera instancia y ahora lo defiende en la segunda.

Por la parte apelante aboga otro togado notable, D. Fernando Torrecilla.

ANTECEDENTES – INÚTIL PARA EL SERVICIO –¿VENTA SIMULADA? –DE LA OPULENCIA A LA INDIGENCIA –EL INCAPAZ Y SUS PARIENTES.

En el pueblo de Novés (Toledo) habitaba una familia compuesta de seis hermanos apellidados Fernández Gaytán y Bolonio. De ellos tres, uno de ellos Tomás, estaban considerados como imbéciles.

En el año 1865 correspondía a éste ser sorteado para el servicio militar, y entonces el padre alegó como causa para eximirle del mismo que cuando su hijo contaba de siete años a ocho años padeció una grave enfermedad y un ataque epiléptico le atacó a la cabeza dejándole torpe de pronunciación y ofuscándole el entendimiento siguiendo desde entonces en estado de imbecilidad y reconocido por los médicos se notó en el efectivamente inyección sanguínea en la esclerótica y conjuntiva de ambos ojos, pronunciación tarda y balbuciente y en una palabra, escaso desarrollo de las facultades intelectuales por lo que hallándose comprobada la existencia de la imbecilidad se le declaró inútil para el servicio de las armas.

De los seis hermanos solo quedaron Juan José y Tomás.

El comerciante de Talavera de la Reina, D. Ubaldo Fernández Gaytán y Pereira, pariente en séptimo grado de ellos marchó a Novés y trasladó a ambos hermanos a su domicilio de Talavera donde el 30 de septiembre de 1913 comparecieron éstos ante un notario y otorgaron testamentos en los cuales uno a otro hermano se nombraron herederos usufructuarios de sus bienes, instituyendo a D. Ubaldo heredero de la nuda propiedad para consolidar el pleno dominio a la defunción de los testadores.

Los parientes más próximos de los hermanos Fernández Gaytán y Bolonio, son sus primas carnales doña Juliana Sánchez Bolonio y la hoy litigante doña Hipólita Bolonio quienes redispusieron a promover el expediente de incapacidad de Juan José y Tomás.

Estos, en el año 1914 otorgaron, Juan José en Madrid y Tomás en Talavera, poderes amplios a D. Ubaldo Fernández Gaytán y después el 9 de Junio del mismo año otorgaron otro nuevo poder a favor de D. Ángel Madrid, tenedor de libros de D. Ubaldo, facultándole para vender sus fincas (en número de cien aproximadamente) y al siguiente día D. Ubaldo utilizando los poderes firmó ante notario y como mandatario de D. Juan José y D. Tomás una escritura de partición de bienes dejados a su fallecimiento por los otros hermanos de éstos, de los cuales aun no habían sido declarados herederos «abinestato».

El 11 de junio de 1914, o sea el día siguiente de firmarse la escritura de partición de bienes, se hizo una nueva escritura en la que D. Ángel de Madrid aparece vendiendo por 31.810 pesetas la nuda propiedad de los bienes de los dos hermanos cuyo valor real calcula el demandante en 200.000 pesetas. Cuatro días después falleció D. Juan José de cáncer a la laringe.

Para no alargar más el relato prescindimos de otras nuevas ventas en virtud de las cuales afirma la demandante que la nuda propiedad había pasado a D. Ubaldo y el usufructo al pariente de éste D. José Fernández que luego transmitieron el pleno dominio de la inmensa mayoría de las fincas en 125.000 pesetas.

La parte actora afirma que el presunto incapaz se encuentra hoy desprovisto de toda su hacienda ya que en un requerimiento judicial posterior que se le hizo para entrega de bienes, muebles, valores y alhajas, aparece que solo tiene las ropas de su uso.

EL LITIGIO –EL PERITAJE DEL JUZGADO – CONCLUSIONES.

Doña Hipólita Bolonio promovió expediente de jurisdicción voluntaria sobre declaración de incapacidad de D. Tomás Martin. Por oposición del apoderado de éste, D. Ubaldo, se convirtió en contencioso.

El 1 de febrero de 1918 se presentó en el Juzgado de primera instancia de Torrijos demanda incidental, con la intención de que se declarase a D. Tomás

Martin Fernández en estado de imbecilidad desde siete a ocho años y completamente incapacitado para la administración de sus bienes.

El fiscal se opuso a esta solicitud y el demandado contestó las alegaciones de la parte actora que Tomás fue siempre sujeto capaz de derechos y obligaciones puesto que administró su casa y bienes, tomó parte en luchas políticas, intervino en contrato de criados y venta de los frutos de sus fincas; que no tenía más afecciones que las de D. Ubaldo; que hizo y hace vida normal y que se libró del servicio militar por habilidad de su padre, quien pretextó un padecimiento que su hijo no sufría.

Los médicos de Talavera de la Reina, D. Francisco Luque y D. Ignacio Sánchez, certificaron la plena capacidad mental de Tomás. Lo mismo asegura otro facultativo, D. Francisco González Aguilar.

En el mismo sentido informan D. Tomás Maestre y D. Jaime Esquerdo.

La defensa de doña Hipólita propuso la prueba pericial practicada por tres médicos alienistas y no habiendo acuerdo entre las partes respecto a su designación el juez nombró a los señores Fernández Sanz, Rodríguez Labora y Juarros.

Los indicados doctores llevaron a efecto en el supuesto incapaz las pruebas de Romoar, Rossolino y Bourdon, y el método repuntuación de Jerkes Bridget, llegando a la conclusión de que Tomás Martin es un imbécil de grado medio de edad mental correspondiente a la de un niño de cinco años e incapaz por tanto de administrarse a sí mismo.

LA IGNORANCIA DEL INCAPAZ. –DE OCHENTA CÉNTIMOS A UNA PESETA: «SESENTA CÉNTIMOS».

Es curioso el interrogatorio a que sometieron a Tomás Martin los médicos asignados por el juzgado:

–¿Cómo se llama el rey de España? –preguntaron.

–El rey de España... no le puedo a usted decir con seguridad cómo se llama porque no le conozco. No puedo saber si se llama Alfonso ni cómo se llama.

–Me puede usted decir quiénes son los Reyes Católicos?

–¿Cómo?... ¿Quiénes fueron?... Rey católico es uno, D. Carlos de Borbón que ya ha muerto.

–¿Cómo se llama el mejor torero de España? (Al oír esta pregunta la fisonomía del examinado se alegra y hace francamente risueña)

–¿El mejor torero de España? No se quien...

–Bueno, uno de los mejores.

–¿Uno de los mejores? No le puedo decir a usted quien...

–¿Ha ido usted a los toros?

–Sí que he ido a las corridas de toros. Yo no entiendo ni sé lo que es.

–Si da usted una peseta para pagar una cosa de ochenta céntimos ¿Cuánto tienen que devolverle?

–De una peseta a ochenta céntimos... sesenta céntimos. Me devuelven sesenta céntimos.

PARA EL LETRADO APELANTE EL INCAPAZ «SOLO ES UN DEFICIENTE».

A las tres de la tarde ha comenzado la vista de apelación de este pleito concediéndose la palabra al letrado de la parte apelante D. Fernando Torrecilla.

El Sr. Torrecilla ha expuesto los antecedentes personales de Tomás Fernández, hombre de escasa cultura, con sesenta y seis años de edad, enfermo de la vista, pero capaz de regirse por sí mismo como lo prueba el no haber habido ninguna reclamación a tal extremo hasta que unos parientes se han sentido perjudicados ante el afecto y la protección dispensada al incapaz por el supuesto incapaz hacia otras personas de la familia.

Examina las pruebas realizadas para deducir de ellas que Tomás goza de lucidez intelectual y así lo corroborará el juez de primera instancia de Talavera que por delegación del de Torrijos hizo el examen a este señor.

Refuta el informe de los señores Juarros, Labora y Fernández Sanz, leyendo párrafos de libros de los dos primeros para evidenciar que no se han aplicado exactamente los procedimientos de que han hecho uso.

Estos peritos designados por el Juzgado son los mismos que propuso la demandante.

Pone de resalto las anomalías de procedimiento que se han cometido y combate la sentencia que más parece informe de perito que resolución del juez.

Hoy continuará la vista de este interesante pleito con el informe de la parte apelada Sr. Sol y Jaquotot.

HOY (Nuevo Heraldo).
11 marzo 1920

Después de celebrarse cuatro sesiones de vistas en las que intervinieron los abogados de ambas partes y de la intervención de la Real Academia de Medicina, hubo de transcurrir todo un año para conocer al fin el fallo del recurso de apelación enviado a la Sala Segunda.

La prensa se hizo eco de la noticia:

Interpuesta apelación, celebróse la vista invirtiendo los abogados de las partes cuatro sesiones en pronunciar sus informes respectivos. La Sala segunda, de lo civil acordó para mejor proveer que la Real Academia de Medicina dictaminase sobre el caso. La Academia nombró una Comisión compuesta de los doctores Simonena, Ortega Morejón, Mariscal. Pittaluga, Codina, Pulido y Rodríguez Abaytúa, quienes reconocieron al enfermo y emitieron informe declarando también la imbecilidad de con Tomás Martín.

Ayer fué notificado a las partes el fallo de la Sala segunda que, como es natural, confirma el de primera instancia, de acuerdo con lo pedido por el letrado de la apelada, señor Sol Jaquotot.—Arroyo Barreto.

LA ACCIÓN. 28 abril 1921

Unos días más tarde se publica un amplio artículo analizando el fallo de la Sala Segunda.

El caso había despertado verdadero interés a nivel nacional, ya que además de la intervención de dos abogados de gran prestigio en el mismo, uno por cada parte, también había sido causa de tertulias, discusiones y controversias entre médicos, doctores y académicos hasta el punto que tuvo que intervenir la Real Academia de Medicina.

Crónica de Tribunales

La sentencia de un pleito ruidoso.-La Audiencia declara incapaz para administrarse a un anciano que cuenta setenta y nueve años en la actualidad.-Una fortuna que se evapora.-Informes luminosos de reputados psiquiatras y de la Real Academia de Medicina.-Consecuencias del fallo en el orden legal.

Hace próximamente un año dió cuenta de este asunto toda la Prensa diaria, dedicando gran extensión a la vista del mismo, que, en trámite de apelación, tuvo lugar ante la Sala segunda de lo civil de esta Audiencia territorial. La vista duró tres días, y la Sala, teniendo en cuenta, sin duda, la importancia y trascendencia del fallo que habría de dictarse, usó de las facultades que la concede la ley, acordando, para mejor proveer, que la Real Academia de Medicina, previo reconocimiento de la persona de cuya incapacidad se trataba, emitiera dictamen sobre el estado de las facultades mentales del señor en cuestión. Un año ha tardado la Academia en practicar los necesarios reconocimientos en el enfermo y en emitir su luminoso informe, verdadera obra maestra en esa rama de la Medicina, cuya confección ha corrido a cargo de una ponencia formada por los eminentes académicos, doctores Simonena, Ortega Morejón, Mariscal, Pittaluga, Pulido y Codina.

El caso dió lugar a vivísimas y acaloradas discusiones en las tertulias y reuniones de médicos por aparecer en abierta pugna dos escuelas distintas de Psiquiatría: la antigua y la moderna, y no menos curiosidad despertó entre los togados por lo poco frecuentes de estos casos.

LA TRIBUNA. 2 mayo 1921

Como el artículo es bastante extenso, destacamos de él estos párrafos que resultan bastante aclaratorios:

En el aludido dictamen de la Real Academia de Medicina se sientan las conclusiones siguientes:

– <u>Primera.</u> Don Tomás Martín. Fernández Gaytán y Bolonio es un imbécil en el sentido y grado que tiene esa palabra en la nomenclatura de ...selli [sic]
– <u>Segunda.</u> Esta imbecilidad data, por lo menos, de la enfermedad que padeció en la infancia y que demostrado queda, debió ser meningitis.
– <u>Tercera.</u> Es probable que antes de esta enfermedad y «ab initio» fuera un deficiente psíquico.
... ...

La sentencia de segunda instancia, como era de esperar después de decir su última palabra la Real Academia de Medicina en el aspecto científico ha sido declarando la incapacidad actual de don Tomás Martín Fernández y Bolonio para administrarse, y mandándose se le someta al régimen tutelar correspondiente única declaración que según la Sala, le está por hoy permitido hacer, dentro del actual procedimiento.
... ...
Las consecuencias del fallo han de ser de gran trascendencia en este asunto, pues merced a las ventas que se han hecho de los bienes del incapaz es de suponer que éste se encuentra sin bienes de ningún género.

LA TRIBUNA. 2 mayo 1921

Para terminar y como resumen llegamos a las siguientes conclusiones personales y subjetivas:

- Desgraciadamente abusar de los más débiles es algo que siempre ha existido, porque la ambición humana no tiene límites.
- Un conflicto se agrava cuando se evidencia una pugna para imponer un criterio ajeno y subjetivo al debate, como en este caso por diferencias de criterio sobre un diagnóstico psiquiátrico basado en opiniones de una corriente médica moderna frente a otra corriente antigua claramente opuestos.
- Entre disputa y disputa la fortuna de los Gaytanes, como eran conocidos los miembros de esta familia en Novés, desaparece literalmente y se esfuma entre beneficiarios y aprovechados.
- La pérdida de una importante cantidad de arbolado de olivar por decisión judicial (véase el artículo publicado el 1 de septiembre de 1919 en el diario la Acción) tuvo una repercusión económica negativa no solo para los herederos sino también para todos los jornaleros de Novés.
- El gran perjudicado como siempre es el más débil, en este caso D. Tomás Martín, «Tomasito el tonto» que terminó sus días en la indigencia.

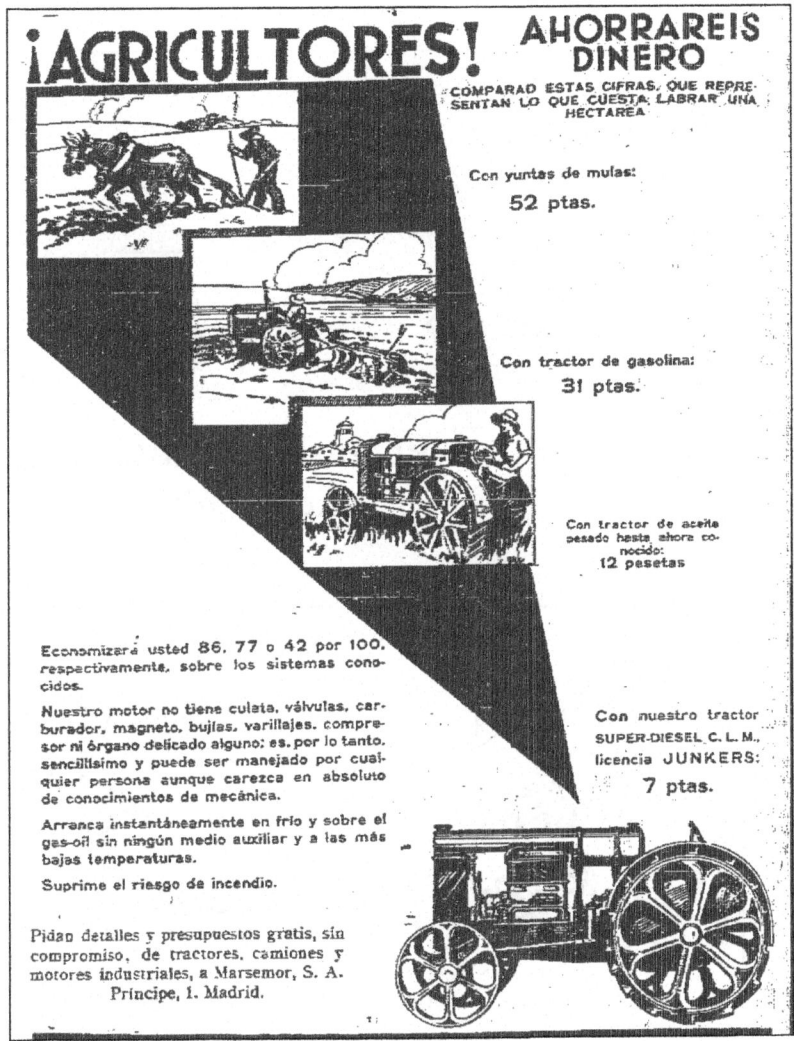

PUBLICIDAD

REGADIOS EN NOVÉS:
UN SUEÑO IMPOSIBLE

Si la agricultura en el siglo XIX se caracterizó por las desamortizaciones y expropiaciones a la Nobleza y al Clero, el siglo XX comienza con un período de reconversión, extensión y modernización agraria muy ambicioso.

En una primera etapa –de 1900 a 1930– se produce una modificación sustancial en la producción de cultivos distintos a los típicos de la trilogía mediterránea: cereal, vid y olivo, aumentando otros como patata, remolacha, almendro, cítricos, árboles frutales, etc.

Esto suponía un aumento y remodelación de la superficie cultivable que si bien antes no era posible cultivar ahora sí lo era gracias a una incipiente mecanización que además permitía realizar infraestructuras para poder crear nuevas superficies para el regadío.

Durante la II República se planteó una ambiciosa Reforma Agraria que a partir del año 1932 propuso varios proyectos que buscaban un enorme aumento del cultivo de regadío y una intensificación de cultivos en el secano para obtener una mayor productividad del campo y por tanto mejores rendimientos económicos.

Para ello se propusieron varias medidas. Entre otras las siguientes que se citan de forma muy resumida:

- Realizar grandes obras de infraestructura necesarias para ampliar los cultivos de regadío.
- Aumentar el número de labores a realizar en el campo para conseguir mayor intensificación y productividad en los cultivos.

- Reducir el paro agrario creando la necesidad de un mayor número de labores y por tanto mayor cantidad de mano de obra.
- Obligatoriedad de contratar a jornaleros del propio municipio, permitiendo contratar a forasteros solo cuando todos los residentes estuvieran trabajando.
- Limitar la propiedad privada a una determinada cantidad para evitar la concentración de la misma en pocas manos.
- Permitir la ocupación temporal de fincas en caso de negativa a cultivarlas por parte de la propiedad o por llegar a un acuerdo con ella.
- Concesión de créditos estatales para obtener la propiedad de fincas y permitir el derecho de asentamiento definitivo tras cumplir cinco años de ocupación temporal.

Torrijos

El nuevo director de Reforma Agraria

TORRIJOS.—Es objeto de general comentario y de muy singular simpatía el nombramiento que para director general de Reforma Agraria se ha hecho a favor de don Juan José Benayas y Sánchez Cabezudo.

Nacido en Torrijos el 8 de marzo de 1899, estudió la carrera de Derecho en la Universidad Central, ingresando más tarde por oposición en el Cuerpo de Registradores de la Propiedad, en el que hubo de solicitar la excedencia, pasado algún tiempo, para consagrarse a la enseñanza y al ejercicio de la abogacía.

EL CASTELLANO. 26 septiembre 1933

En la confección, realización y puesta en marcha de dicha reforma agraria tuvo especial relieve Juan-José Benayas Sánchez-Cabezudo, que fue nombrado director general del Instituto de Reforma Agraria en el año 1933 y posteriormente ministro de Agricultura en 1935.

Nacido en Torrijos, Juan José Benayas era oriundo de Novés, nieto de Manuel Benayas Portocarrero y bisnieto de Eulogio Benayas Martín.

Este último había nacido en Novés en el año 1811 y falleció en Torrijos en 1882.

Adjuntamos la necrológica de D. Eulogio Benayas Martín publicada en el Diario de Anuncios de la Correspondencia de Madrid el día 10 de octubre de 1882 para recordar la personalidad del ilustre novesano.

En ella se puede leer: «*Excmo. e Illmo. Señor D. Eulogio Benayas Martín, caballero de la gran Cruz de*

Isabel la Católica, Jefe Superior de Administración Civil, ex Diputado a Cortes, ex Gobernador de varias provincias, ex vicepresidente de la Diputación provincial de Toledo, abogado de los tribunales nacionales, auditor honorario de Marina, etc. etc.»

Hecha la oportuna aclaración, retomamos el artículo sobre la reforma agraria de 1932, especialmente referida a dos aspectos que afectaron a Novés directamente.

1.– REGADÍO

Hubo un proyecto que pretendía la puesta en marcha de 80.000 hectáreas de regadío en la cuenca del río Alberche, que incluía la totalidad de la finca de San Silvestre y parte del término municipal de Novés. Así lo reflejaba la prensa:

LA LIBERTAD. 25 septiembre 1932

De este amplio artículo cabe destacar los siguientes párrafos:

[...] La banda a regar la vega de la margen derecha del Alberche comienza al abrirse la vega por el molino de

los Rodeles, yendo por Villa del Prado, Almorox, Paredes, Aldeaencabo, Nuño Gómez, Garciotún, San Román y Pepino. Desde las vaguadas del río Perales, del río Cofio y del barranco de Villamanta a salvar con sifones costosos, pero no caros comparativamente a extremar el desarrollo del canal, se riega la vega de la margen izquierda doblando arriba de Aldea del Fresno, por Méntrida, Torre de Esteban Hambrán y Quismondo al caserío de San Silvestre, Santa Cruz de Retamar y Val de Santo Domingo, pueblos que ni siquiera nunca soñaron semejante ventura.

[...] El Alberche ha de ser para los campos propios. En total 80.000 hectáreas de huertas.

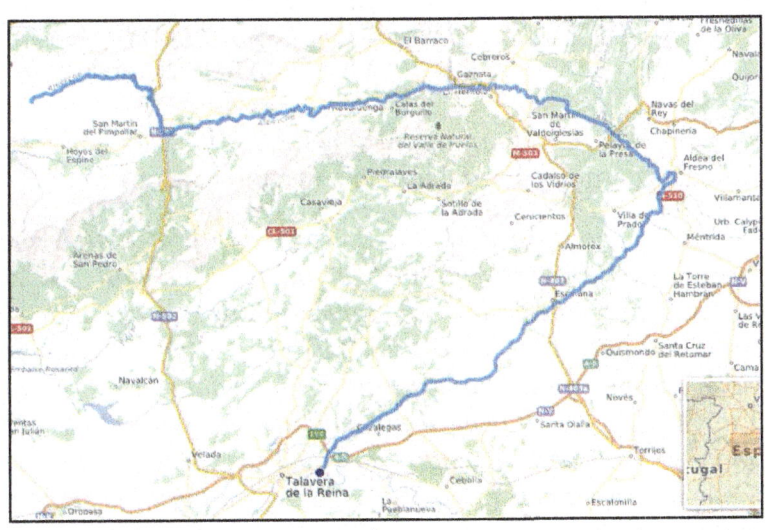

Croquis aproximado del proyecto de regadío del Alberche en 1932 (elaboración propia)

Las primeras perforaciones de exploración para la toma de agua del río Alberche se situaban en Cazalegas, algo que a los ribereños del valle no terminaba de convencer del todo.

Este ilusionante proyecto encontró muy pronto dificultades y apenas un mes más tarde la prensa ya lo advertía:

EL DISGUSTO DE UNA COMARCA

Los riegos de la vega del Alberche

Se encuentra en Madrid una nutrida Comisión de los pueblos del valle del Alberche interesados en los regadíos del mismo. Al frente de la Comisión figura el presidente del Comité gestor, D. Segundo Sánchez, alcalde de Santa Cruz de Retamar, con representación de su Ayuntamiento y de los de Cura, de la expresada entidad; que los correspondientes canales se tracen de manera que alcancen la mayor superficie de buena tierra para los riegos, principalmente en la parte izquierda, que es donde cabe más; que se haga, a la vez, uno de los mayores embalses en el Tajo y consiguiente conducción

LA LIBERTAD 20 octubre 1932

De este extenso artículo hemos destacado los siguientes párrafos que aclaran la situación existente:

«*Una comisión de los pueblos del valle del Alberche interesados en los regadíos del mimo, presidida por el alcalde de Santa Cruz del Retamar y representación de la totalidad de los municipios de la vega, así como delegaciones de la mayoría de las sociedades obreras de esos términos visitaron al ministro de Obras Públicas, D. Indalecio Prieto, acompañados de los Sres. diputados Ortega Gasset (D. Eduardo) y Ballester Gozalbo, con el objeto de presentarle sus peticiones consistentes en que la presa de derivación de las aguas del Alberche no se construya en Cazalegas y por el contrario se emplacen dos: una para los riegos de la margen derecha a la salida de las turbinas de la proyectada central eléctrica de San Juan de los Saltos del Alberche, y otra para los del lado izquierdo en el desagüe de la actual central de Puente*

Nuevo, que es la del Charco del Cura y que los corres-
pondientes canales se tracen de manera que alcance la
mayor superficie de la buena tierra para los riegos,
principalmente en la parte izquierda, que es donde cabe
más.

[...] El ministro de Obras Públicas les manifestó que
presentaran un proyecto técnico en oposición a lo que en
principio tiene acordado y él lo estudiaría con interés y
resolvería en justicia.

Esto produjo un penoso efecto entre las comisiones de
campesinos pues siendo todos aquellos pueblos pobres y
atravesando crítica situación carecen sus ayuntamientos
de los fondos necesarios para costear este proyecto,
aparte de que ninguna seguridad tienen de que sea
aceptado dada la inclinación adversa que encuentran en
los centros oficiales...».

La respuesta ministerial no era una negativa oficial
definitiva, aunque no dejaba de ser una proposición fría y
distante que chocaba y se desentendía en cierta manera con
las pretensiones (¿ilusas?) de los futuros regantes.

2.– SECANO

En lo que se refiere a los cultivos de secano, la
Reforma Agraria priorizaba dar trabajo a los jornaleros
aprobando medidas de ocupación temporal de fincas para
aumentar unas labores mínimas en beneficio de los obreros
locales.

El término de Novés se vio afectado por una orden que
aprobaba el expediente instruido por la Dirección General
de Reforma Agraria sobre la intensificación de cultivos en
fincas de la provincia de Toledo como se refleja en el
B.I.R.A (Boletín oficial del Instituto de Reforma Agraria):

B.I.R.A. n° 11. marzo 1933

Este plan no resultó ser la mejor solución a los problemas agrarios, como puede apreciarse en las noticias de
prensa de continuas huelgas de trabajadores del campo en
muchas localidades. También en la zona de Torrijos.

La disputa entre municipios por la interpretación *sui
generis* de las labores mínimas llevó al descontento de
muchos obreros. Un caso que sirve para entenderlo mejor
sucedió en la finca de Perovéquez situada en el término
municipal de Val de Santo Domingo. Se trata de una finca
muy extensa (casi 2.000 fanegas de labrantío con 13.000
olivos y más de 180.000 cepas) que también daba trabajo a
obreros de Torrijos, pero debido a las influencias que tenía
su alcalde en instancias superiores se contrataban a más
torrijeños que a valdesantodominganos, quedando muchos
de estos últimos en el paro, lo que provocaba el conflicto.

Otras veces el descontento era por la contratación de
varios miembros de una misma familia discriminando a
otras por motivos políticos, religiosos o personales. En
cualquier caso, las noticias no dejaban de ser algo
confusas.

El plan mínimo de labores en el partido de Torrijos

El gobernador ha dictado la siguiente circular:

«A los señores alcaldes de los distintos términos municipales del partido de Torrijos. La Sección Agronómica provincial enviará a los señores alcaldes de cada uno de los términos municipales que falta por mandar del partido de Torrijos, un estado con el plan mínimo de labores a realizar, el cual harán cumplir a todos los agricultores, a quienes asimismo deben hacer saber, por cuantos medios estén a su alcance, las fechas en que deben estar terminadas las distintas labores culturales que figuran en el estado, a los fines de que no puedan alegar ignorancia en caso de incumplimiento».

EL CASTELLANO. 17 mayo 1933

La huelga de Torrijos

Envío de fuerzas de Guardia civil y de Asalto

El gobernador, refiriéndose esta tarde al estado social de la provincia, dijo que las huelgas existentes en varios pueblos se desarrollan sin incidentes de importancia.

Respecto a la de Torrijos, manifestó que continúa este conflicto, pero que cree inminente su resolución.

—He enviado—añadió—treinta y dos números de la Guardia civil y veinticinco guardias de Asalto. Estas fuerzas llevan órdenes especiales para proceder con arreglo a la ley y con la severidad que sea necesaria. Tengo

EL CASTELLANO. 30 octubre 1933

De que existían informaciones contradictorias no cabe ninguna duda, como puede observarse en una de las relaciones publicadas por el propio Boletín Oficial del Instituto de Reforma Agraria donde no aparece Val de Santo Domingo (4.500 hectáreas) y sí Torrijos con tres fincas ocupadas a pesar de tener un término municipal mucho más pequeño (1.700 hectáreas) entre las cuales es de suponer que debía estar Perovéquez que entre secano, viñas y olivares proporcionaba mano de obra a más de mil trabajadores porque su extensión es casi la mitad de todo el término de Torrijos.

También puede observarse que en la misma relación aparece Novés, en cuyo término se cita una sola finca cuando en el boletín anterior se hablaba de dos fincas: Olveite y San Silvestre. Otro dato curioso.

(3), Navalmorcuende (1), Parrillas (3), Pepino (3), San Bartolomé de las Abiertas (1), San Román (3) y Velada (3).
Torrijos.—Argés (3), Layos (3). Nambroca (3) y Olías del Rey (2).
Torrijos.—Barujón (3), Carmena (2), Carpio de Tajo (3), Escaloni-lla (3), Gerindote (2), Huecas (1), Novés (1). Rielves (2), Puebla de Montalbán (2), Torrijos (3) y Villamiel de Toledo (3).
Se deduce de la anterior relación que han sido 81 pueblos, de los 206 que componen la provincia, los que solicitaron se aplicase el Decreto a su término municipal. De ellos en 15 se ha incoado expediente que ha dado como resultado la aplicación del Decreto, en 32 no ha sido objeto ... 34 ... podido ser estudiados. Salta a primera

B.I.R.A. n.º 14, junio 1933

Unos meses después en otra relación posterior publicada por el boletín oficial sí aparece Novés, esta vez con dos fincas, aunque puede apreciarse que solo una de ellas estaba ocupada en su totalidad. Es de suponer que la finca ocupada era Olveite, a tenor de la información de la prensa «no oficial».

TÉRMINO	Número de fincas	Superficie total — Hectáreas	Superficie ocupada — Hectáreas	Obreros colocados	CRÉDITOS A OTORGAR Año 1933	CRÉDITOS A OTORGAR Año 1934	TOTALES
			PROVINCIA DE TOLEDO				
1 Alcolea del Tajo...	4	1.000	178	54	21.423,05	10.046,25	31.469,30
2 Aldeanueva de San Bartolomé......	11	475	140	33	13.016,55	7.113,15	21.029,70
3 Cibolla..........	3	1.175	345	71	47.206,35	18.233,15	65.439,60
4 Cardiel de los Montes...........	1	681,50	164,50	50	19.731,75	9.253,15	28.984,90
5 Huecas..........	30	260,30	260,30	33	31.187	14.625	45.812
6 Lagartera........	2	350	42	20	7.428,75	3.757,05	11.185,80
7 Malpica del Tajo	6	1.419	505	128	71.121,70	26.689,25	97.810,95
8 Navamorcuende...	11	5.814	847	150	66.422,85	17.715,75	84.138,60
9 Novés..........	3	860	860	174	108.314,85	50.793,75	159.108,60
10 Novés..........	1	1.227	200,50	87	36.009,75	13.774,35	49.784,10
11 Santa Cruz del Retamar........	3	1.700	980	130	45.581	21.375	66.956
Sumas y sigue...	83	14.971,80	3.972,30	1.133	468.343,60	193.375,95	661.719,55

B.I.R.A. n.º 16, octubre 1933

LA REFORMA AGRARIA

En la finca Olveite, del término de Novés (Toledo), tendrán labor todos los campesinos del pueblo

El principal asunto de que trató ayer el Instituto de Reforma Agraria fué el de la ocupación temporal de la finca Olveite, del término de Novés (Toledo). Esta finca, que tiene 306,73 hectáreas, será disfrutada por todo el censo campesino de Novés, compuesto de 200 familias, para lo que el Instituto de Reforma Agraria hace un desembolso de 61.230,85 pesetas. El Instituto ha estudiado un perfecto plan de aplicación de esta finca, cuyo ofrecimiento temporal por parte del propietario, por dos años, ha sido aceptado.

LA VOZ. 18 noviembre 1933

3.– DISCREPANCIAS

ACUERDOS DE LA COMISIÓN AGRÍCOLA SOCIAL EN LA SESIÓN DEL DÍA 17 DE ENERO DE 1934

Se abre la sesión con la asistencia de los siguientes señores:

D. Enrique Cuevas (Presidente), D. Aureliano Quintero, D. Vicente Flórez de Quiñones, D. Ignacio Martín Margalef, D. J. Custodio Miguel Romero y D. José Castro Taboada.

Entrase a discutir un recurso de varios vecinos de Novés (Toledo), sobre exclusión de campesinos en el Censo formado para la finca "Olivete".

Después de amplia discusión se aprueba el dictamen en la forma siguiente, añadiéndole lo que aparece en el apartado a):

"1.º Que se declare la nulidad de todo lo actuado en la formación del Censo de campesinos de Novés y en la constitución y actuación de la comunidad de campesinos.

2.º Que formado y rectificado ya el Censo de campesinos de Novés, proceda de acuerdo con el informe del Delegado; a) Remitir dos copias del mismo (ya elaboradas), a la Alcaldía de dicho pueblo, para su exposición al público durante tres días, uno de los cuales habrá de ser inhábil o festivo, al objeto de que puedan formu-

larse por los interesados las oportunas reclamaciones; b) Devolver por la Alcaldía una de las dos copias con las reclamaciones presentadas para conocimiento y resolución por este Instituto; c) Notificar a los primeros firmantes de la instancia, don Vicente Hernández Fernández y don Zoilo Fernández Alonso, la fecha en que se remiten las copias del Censo a la Alcaldía de Novés, rogándoles lo comuniquen a los demás firmantes de aquella, para que puedan éstos formular las reclamaciones que estimen pertinentes; d) Que una vez aprobado el Censo de campesinos de Novés, se constituya por un Delegado del Instituto la Comunidad de campesinos, integrada solamente por los obreros que figuran en el estado A del Censo, teniendo presente a este fin lo dispuesto en el artículo 2.º del Decreto sobre Comunidades de campesinos de 7 de septiembre de 1933; e) Que se procure, al ejecutar estos acuerdos, no desalojar de la tierra a los obreros incluidos en el grupo A del Censo, que actualmente se encuentren cultivándola."

Discútese a continuación el recurso interpuesto por la Sociedad "El Progreso Agrícola" de Don Benito (Ba-

B.I.R.A. nº18 - enero 1934

Una Comisión de Novés visita al ministro de Agricultura. MADRID.– Una comisión del pueblo de NOVÉS [Toledo], compuesta da autoridades, patronos y obreros, visitó, acompañada del diputado a Cortes de la provincia señor González Sandoval, al ministro de Agricultura para reproducir las denuncias frecuentes de abandono de cultivo de la finca San Silvestre, y pedir la ocupación de dicha finca, ya que de ella depende la vida o la miseria de dicho pueblo, firmando la instancia de 600 padres de familia. El ministro prometió atender sus aspiraciones,

EL CASTELLANO. 30 noviembre 1935

LO DICE UN SOCIALISTA

Nos encontramos en plena fiebre de asentamientos. Todos los días aparecen largas listas pregonando la actividad del ministerio de Agricultura en la tarea de repartir tierras. Los resultados que esto producirá los conoceremos dentro de unos meses. El "asentar" campesinos necesita el complemento de una ayuda económica ni mezquina ni otorgada una sola vez. Ninguna cosa nos parecerá más plausible que convertir al bracero en propietario, dotándole de elementos que le permitan adquirir adecuada independencia.

¿Es esto lo que se hace?

¿Les conviene a los campesinos convertirse en arrendatarios del Estado?

Sobre estas preguntas habría mucho que decir. Por hoy dejamos hablar a "Claridad", que en un reportaje sobre los campos de Toledo pone en labios de un obrero del campo las siguientes palabras.

"Parcelar las tierras es condenar a la gente a matarse trabajando, sin poder atar cabos al fin del año. Vaya usted a Novés. Allí parcelaron una gran finca hace cuatro años. Mañana precisamente les entrega el Instituto otra, la de San Silvestre. Pues bien, escarmentados por los resultados de la parcelación, han decidido trabajarla colectivamente."

Ya lo sabe el ministro de Agricultura: "Parcelar las tierras es condenar a la gente, etc."

Lo dice un socialista bien enterado.

EL TRABAJO.
1 abril 1936

A tenor de los recortes de prensa anteriores no faltaron discrepancias y descontento en la pretendida solución de la reforma agraria, de tal forma que se produjeron recursos en contra de la realización del llamado censo de campesinos de Novés, que proporcionaba el derecho a la ocupación temporal de fincas para su explotación, a su posterior adquisición, en su caso, o bien a obtener créditos estatales. También hubo disconformidad en el retraso de la ocupación de la finca de San Silvestre y decepción por la falta de medios y ayudas estatales para los nuevos asentamientos.

Casi nunca se alcanza el resultado previsto de manera óptima cuando la teoría se lleva a la práctica. Es muy fácil proyectar sueños y deseos, pero la realidad se encarga de colocar cada cosa en su sitio.

El megaproyecto de regadío de la reforma agraria no se llegó a realizar debido principalmente a los problemas de presupuesto y financiación de los pueblos implicados que se vieron incapaces de acometer tan magna obra, porque realmente carecían de recursos propios y no tuvieron las ayudas ni las facilidades necesarias por parte del Estado, como sucede casi siempre.

En cuanto al secano, la ocupación temporal de las fincas no triunfó porque el proyecto inicial –más ideológico y político que económico– consistía en cambiar la propiedad de la tierra de manos privadas a quienes las trabajaban con el lema de «*la tierra es para quien la trabaja*» y se encontró con los mismos problemas de explotación, rendimiento y discrecionalidad –sobre todo en el reparto– que lejos de resolver problemas los agravó al dejar la gestión en manos de los políticos.

Al final, el descontento y la decepción se apoderó de unos y de otros, de todos en general y los sueños se desvanecieron.

¿Cuál hubiera sido el destino de Novés y de todos los pueblos ribereños del Alberche si se hubiera realizado aquel impresionante proyecto de regadío? Nunca se sabrá. A pesar de todo, posteriormente se construyeron en el Alberche los embalses de Cazalegas (año 1949), Picadas (año 1952) y San Juan (año 1955), pero con otros fines. Solo el embalse de Cazalegas, con la ampliación del canal del bajo Alberche construido en 1956, se utiliza para regar cerca de 5.000 hectáreas desde Talavera de la Reina hasta Calera y Chozas.

El embalse de Picadas, a través de un canal artificial realizado recientemente hasta Toledo (año 2009), se ha convertido en el principal suministro de agua potable para la comarca de Torrijos, que atiende a unos 85.000 habitantes.

El pantano de San Juan se utiliza para la producción eléctrica y para el abastecimiento de agua a los habitantes de la zona suroeste de la provincia de Madrid.

4.– UN NUEVO INTENTO

A pesar del fiasco que supuso para Novés la reforma agraria, durante el último tercio del siglo XX surgió otra oportunidad para la puesta en marcha de nuevos regadíos, que afectaba en parte a su término municipal.

Dentro del programa del IV Plan de Desarrollo de la provincia de Toledo, en el año 1974 la Diputación Provincial anuncia que se han terminado los estudios de viabilidad para la puesta en riego de 63.500 hectáreas, según publica en la revista **PROVINCIA** del 3º trimestre de 1974, editada por el citado organismo.

La localización y superficie de estas nuevas zonas de regadío son las que se indican en el cuadro siguiente:

ZONA REGABLE		
Castrejón - margen izquierda	4.000	has.
Azután	600	"
Canal de las Aves (elevación)	1.500	"
La Sagra-Torrijos	60.000	"
Real acequia del Jarama (ampliación)	2.000	"
Canal Alto del Alberche	19.000	"
TOTAL	87.100	has.

Dicha superficie se extiende por las comarcas de la Sagra, Talavera de la Reina y Torrijos y supone un incremento del 536 por 100 de la superficie regada en zonas de grandes planes y un incremento del 148 por 100 sobre la superficie total regada actualmente.

Para la zona del Talavera se amplía el canal alto del Alberche y para la zona de la Sagra-Torrijos se cuenta con los nuevos embalses de Castrejón, construido en 1967, el de Azután, en 1969, y las ampliaciones del canal de la Aves y la Real acequia del Jarama.

El proyecto del plan general de transformación de la zona regable de La Sagra-Torrijos (Toledo) se aprobó en el REAL DECRETO 2692/1985, de 27 de diciembre del mismo año, en el podemos leer que dicha superficie se divide en dos subzonas llamadas Sagra-Este y Sagra-Oeste-Torrijos.

La superficie total de la subzona oeste (es la que afecta a Novés) comprende unas 26.996 hectáreas, de las que se consideran regables 24.391 incluidas en los términos municipales de Albarreal de Tajo, Barcience, Bargas, Burujón, Cabañas de La Sagra, Camarenilla, Escalonilla, Fuensalida, Gerindote, Huecas, Magán, Mocejón, Novés, Olías del Rey, Rielves, Torrijos y Villamiel de Toledo. De estas serán útiles para el riego 24.235 hectáreas.

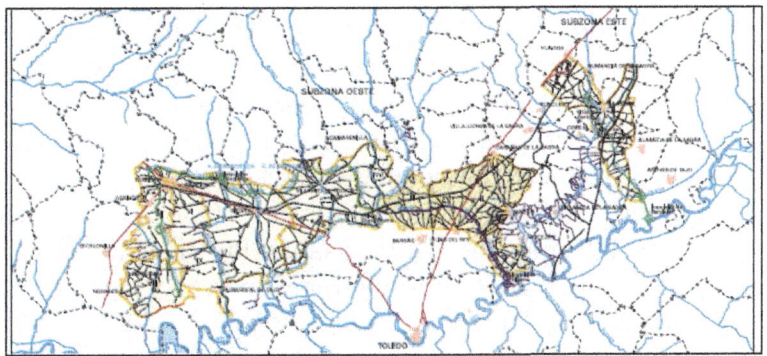

Regadíos Sagra-Torrijos. Mapa del Ministerio de Agricultura

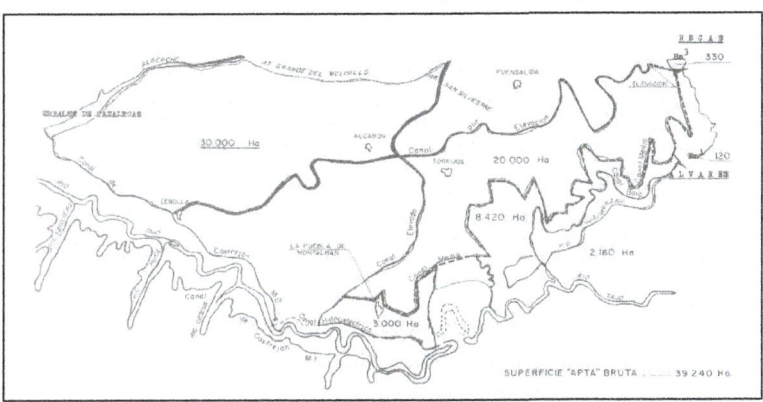

Gráfico de la zona provisional de nuevos regadíos de la Sagra-Torrijos. De un total de 61.420 Has. de tierras regables, se estima que serán viables 39.000 Has. (Atalaya toledana. 01-09-1971)

La realización del proyecto se preveía muy costosa, porque eran necesarias muchas obras. Concretamente en la Subzona de la Sagra-Oeste-Torrijos:

- Estaciones principales de elevación.
- Canales de transporte.
- Embalses.
- Estaciones de bombeo sectoriales.
- Redes primarias de riego.
- Electrificación.

Igualmente, las necesidades de la subzona Este resultaban caras, algo menos porque no eran necesarios embalses, pero no se podían eludir las estaciones de bombeo por ser inevitable la necesidad de elevación de aguas prácticamente en la totalidad del proyecto.

Debido a los sucesivos retrasos en la realización de las obras y a la imposibilidad de asumir los elevados costes que estos suponían (como siempre aparece el problema económico y de financiación) en el año 2014, después de transcurridos casi treinta años, solo se habían declarado menos de 4.000 has. de superficie regable en la subzona Este, de las que solo se regaban apenas 400.

En el caso de la subzona Oeste, la declaración en el año 2017 de la ZEPA (Zona de Especial Protección para las Aves esteparias) del margen derecho del río Guadarrama, que ocupa una superficie de casi 13.000 has. y la posterior ratificación en el año 2019 terminó de condenar definitivamente el proyecto de regadío Sagra-Torrijos.

Al parecer, la pretensión de realizar regadío extensivo en Novés es un sueño imposible.

La única acción destacable que se puede decir que ha contribuido a la mejora del desarrollo agrario en Novés ha sido la realización de la Concentración Parcelaria del IRYDA que se inició en el año 1971 y finalizó definitivamente en 1973.